Herausgeber & Autoren:

Antje Wolf, Dr. phil., Studium der Fremdenverkehrs-geographie/Angewandten Geographie in Trier und Promotion an der Universität Paderborn, Fakultät für Kulturwissenschaften, arbeitete zunächst einige Jahre als Marketingfachkraft und Projektkoordinatorin im Destinationsmanagement am westlichen Bodensee, bevor sie als Wissenschaftliche Mitarbeiterin an der FU Berlin und begleitend als Senior Consultant für Reppel + Partner GmbH und THEMATA Freizeit- und Erlebniswelten Services GmbH tätig wurde. Aktuell ist sie als Professorin für Tourismus- und Eventmanagement an der EBC Hochschule Hamburg beschäftigt. Ihre Forschungsschwerpunkte sind marktforschungsgestützte Untersuchungen im Tourismus- und Eventmanagement, Nischenmärkte im Tourismus sowie sozial-psychologische Aspekte der Eventforschung.

Dirk Geest, Diplom-Kaufmann (FH) mit Schwerpunkt Tourismus und Marketing, hat u.a. beim Reiseveranstalter für Sprach- und Bildungsreisen, KulturLife gGmbH in Kiel, und an der EBC Hochschule Hamburg u.a. mit dem Studiengang Tourismus- und Eventmanagement gearbeitet. Heute ist er im Aus- und Weiterbildungsbereich tätig. „Das Geheimnis der Billigflieger" (2006) war seine erste Buchveröffentlichung im Tourismus. Mit Prof. Dr. Antje Wolf zusammen hat er 2014 „Die Urlaubsmacher - Karrierewege im Tourismus" herausgegeben. Ein Buch, in dem gestandene Fach- und Führungskräfte über ihren beruflichen Einstieg und Werdegang in die bzw. innerhalb der Tourismusbranche berichten. Alle Bücher und die dazugehörigen Presseartikel sind unter www.dirkgeest.de einzusehen.

Antje Wolf

Dirk Geest

Die Urlaubsmacher von morgen

Ausgewählte Interviews mit Tourismus-Studierenden

Antje Wolf

Dirk Geest

Die Urlaubsmacher von morgen

Ausgewählte Interviews mit Tourismus-Studierenden

Copyright © 2015 Dr. Antje Wolf, Dirk Geest

Fotos Titelseite (zusammengesetzt):
Flugzeug: Jet airplane landing, isolated on white © *ArchMen - Fotolia.com*
Palmenstrand: Coconut Dream © *perfectpixel - Fotolia.com*

Herstellung und Verlag:
BoD – Books on Demand, Norderstedt

ISBN 9783734761201

Bibliografische Information Der Deutschen Bibliothek
Die Deutsche Bibliothek verzeichnet diese Publikation in der Deutschen
Nationalbibliografie; detaillierte bibliografische Daten sind im Internet
über http://dnb.d-nb.de abrufbar.

Die Urlaubsmacher von morgen

Ausgewählte Interviews mit Tourismus-Studierenden

Inhaltsverzeichnis

I. Warum dieses Buch?

Der Übergang von der Schulzeit in den zukünftigen Beruf stellt seit jeher Generationen von jungen Frauen und Männern vor ähnliche Fragen. Wer bin ich, welcher Beruf passt zu mir, wie wichtig sind mir Selbstverwirklichung in der Arbeit, Einkommen, Karriere, Prestige, Unabhängigkeit und Mobilität, Familie und Kinderwunsch?

Mit diesem Buch haben die Herausgeber Interviews mit Antworten auf genau diese Fragen zusammengestellt. In einer Anfrage an 63 staatliche und private Universitäten, Fachhochschulen und Akademien wurden Studierende des Studiengangs „Tourismus" zu wesentlichen Schlüsselthemen interviewt. Darin beschreiben die Studierenden ihre persönlichen Voraussetzungen, Motive, Erfahrungen, Studienbedingungen und ihre Zufriedenheit mit ihrem Ausbildungsort, den Rahmenbedingungen, den Studieninhalten und den persönlichen und beruflichen Perspektiven, welche sie daraus ableiten. Pro Hochschule wurde ein Interview berücksichtigt, um die Ausbildungslandschaft in Deutschland in ihrer Breite darstellen zu können. Auch um einen komprimierten Überblick anzubieten, haben sich die Herausgeber auf die Veröffentlichung von insgesamt 17 Interviews beschränkt. Die eingereichten Interviews wurden redaktionell überarbeitet. Die Aussagen und Meinungen der befragten Studierenden sind eins zu eins inhaltlich wiedergegeben, auch wenn sie nicht immer die der Herausgeber wiederspiegeln.

Herausgekommen ist ein hilfreicher und zielführender Überblick über die Inhalte tourismusspezifischer Studiengänge auf der Betrachtungsmatrix junger Menschen, die sich ernsthaft und reflektiert mit sich, ihrem Leben und einem wesentlichen Bestandteils dessen, nämlich dem Berufswunsch, auseinandergesetzt haben.

II. Was ist ein „Bachelor"?

Ein Bachelor-Studium umfasst in der Regel sechs bis maximal acht Semester. In diesem werden sowohl fachliche Kenntnisse als auch sog. Softskills, u.a. soziale und sprachliche Kompetenzen, vermittelt. In den meisten Tourismusstudiengängen sind Praktika integraler Bestandteil des Studiums. Wie umfangreich diese sind, hängt von der jeweiligen Hochschule ab: sie reichen von drei Monaten bis zu einem kompletten Semester. Mittlerweile bieten zahlreiche Tourismusstudiengänge im Rahmen eines freiwilligen oder verpflichtenden Auslandssemesters darüber hinaus die Möglichkeit an, interkulturelle Erfahrungen zu sammeln.

Das Bachelor-Studium ist in verschiedene thematische Module untergliedert. Ein Modul besteht aus inhaltsnahen Lehrveranstaltungen, wie Vorlesungen, Übungen oder Seminaren. Die Noten, die über Referate, Hausarbeiten oder Klausuren in den einzelnen Veranstaltungen erzielt werden, ergeben in Addition die Durchschnittsnote für das jeweilige Modul. Alle Modulnoten fließen in die Abschlussnote ein.

Die Leistung wird nach dem European Credit Transfer System (ECTS), einem einheitlichen europäischen Bewertungssystem, studienbegleitend überprüft. Die zugrundeliegende Idee ist es, Studienleistungen innerhalb des europäischen Bildungsraumes vergleichbar zu machen, um dadurch eine Anerkennung der Leistungen bei einem Nationen übergreifenden Hochschulwechsel - und damit die internationale Mobilität - zu erleichtern. Pro Semester können durchschnittlich 30 sog. Credit Points oder auch Leistungspunkte erworben werden; bei einem sechssemestrigen Bachelor-Studiengang ergeben sich demzufolge 180 Credit Points. Diese Leistungspunkte können durch die Teilnahme an Vorlesungen und Seminaren erworben werden. Die erhaltene Anzahl an Credit Points orientiert sich an dem jeweiligen Arbeitsaufwand der Lehrveranstaltung. Die Leistungspunkte werden unabhängig von den Noten vergeben. Das Studium schließt mit einer Bachelor-Thesis im letzten Fachsemester ab. In dieser soll die Befähigung zum selbstständigen wissenschaftlichen Arbeiten nachgewiesen werden. Je nach Hochschule unterscheiden sich der Umfang und der Zeitaufwand zur Bearbeitung einer Thesis.

III. Interviews mit Tourismus-Studierenden
   (Studiengänge mit Bachelor-Abschluss)

Name: Claudia Spanka
Fachsemester: 5. Semester
Studiengang: Wirtschaft mit Schwerpunkt Tourismus
Abschluss: Bachelor of Arts
Hochschule: Westfälische Hochschule, Bocholt

Welche Voraussetzungen sind erforderlich, um einen Studienplatz in dem von Ihnen gewählten Studiengang zu bekommen?
Man benötigt die Fachhochschulreife, allgemeine Hochschulreife, fachgebundene Hochschulreife oder eine durch die zuständigen staatlichen Stellen als gleichwertig anerkannte Zugangsberechtigung und ein betriebswirtschaftliches Fachpraktikum von insgesamt 12 Wochen. 6 Wochen davon müssen vor Aufnahme des Studiums absolviert sein. Außerdem werden Studienbewerber über den NC ausgewählt. 2012, in dem Jahr, als ich mich eingeschrieben habe, lag dieser bei 3,1.

Warum haben Sie sich ausgerechnet für diesen Studiengang entschieden? War dieser Ihre erste Wahl?
Ich habe nach einem touristischen Studiengang in Nordrhein-Westfalen gesucht. Für mich kamen da nur die Westfälische Hochschule und die Hochschule Rhein-Waal in Frage. Bei der Hochschule Rhein-Waal erhielt ich lediglich einen Nachrücker-

Platz und hatte mich zu diesem Zeitpunkt bereits für die Westfälische Hochschule entschieden.

Was machen Sie inhaltlich genau in Ihrem Studiengang? Auf welche beruflichen Tätigkeiten bereitet dieser Sie vor?
Da es sich um einen Wirtschafts-Studiengang handelt, der sich lediglich im Schwerpunkt auf Tourismus bezieht, würde ich sagen, dass wir v.a. im Management ausgebildet werden. Mit der Kombination Tourismus und Management sind berufliche Tätigkeiten insbesondere bei Reiseveranstaltern, Airlines oder im Stadtmarketing möglich.

Was wollen Sie beruflich später machen? Haben Sie schon eine konkrete Vorstellung?
Bisher habe ich noch keine konkrete Vorstellung, ich könnte mir allerdings vorstellen, einige Jahre im Ausland tätig zu sein.

Wie sieht ein typischer Studientag bei Ihnen aus – gibt es diesen überhaupt bei Ihnen?
Der typische Studientag an der Westfälischen Hochschule hat sich im Laufe der Semester sehr verändert. Vom ersten bis zum dritten Semester bestand dieser aus vier bis acht Stunden Wirtschaftsvorlesungen täglich. Im fünften Semester habe ich bis auf eine Ausnahme nur noch touristische Fächer, die Vorlesungszeit variiert täglich zwischen vier und acht Stunden, wobei in der Regel ein Tag unter der Woche vorlesungsfrei ist.

Sind ein Auslandssemester, Inlands- bzw. Auslandspraktika und Fremdsprachen fester Bestandteil Ihres Studiums? Wenn ja, welche?

Im sechsten Semester ist ein Praktikum von mindestens drei Monaten zu absolvieren. Dieses kann sowohl im Inland als auch im Ausland absolviert werden. Ich werde ab Juli 2015 ein sechsmonatiges Praktikum in Myanmar machen und dabei in der Vorbereitung durch meine Tourismus-Dozenten sehr gut unterstützt.

Das Absolvieren eines Auslandssemester ist freiwillig; dies ist allerdings erst ab dem vierten Semester möglich.

Es ist Pflicht, innerhalb des Studiengangs zwei Semester Fachsprache Wirtschaft zu belegen. Hier kann zwischen Wirtschafts-Niederländisch, -Französisch, -Spanisch oder -Englisch gewählt werden. Des Weiteren gibt es Grundkurs- und Landeskunde-Angebote in den einzelnen Sprachen, die Teilnahme ist freiwillig.

Können Sie etwas zu Ihrem Arbeitspensum (in Wochenstunden) sagen?

Neben der reinen Vorlesungszeit beträgt mein Arbeitspensum etwa fünf Stunden. Das Arbeitspensum steigt allerdings deutlich in Abhängigkeit von eventuellen Hausarbeiten und Präsentationen/Referaten, die im Schwerpunkt Tourismus sehr häufig vorkommen.

Werden Studiengebühren fällig? Wenn ja, wie hoch?

Es wird lediglich ein Semesterbeitrag in Höhe von 110 Euro entrichtet. Am Standort Bocholt ist ein Semesterticket nicht im Semesterbeitrag enthalten.

Haben sich Ihre bisherigen Erwartungen an Ihr Studium erfüllt?

Die bisherigen Erwartungen an mein Studium wurden eher übertroffen. Gerade in Bezug auf die Unterstützung und Betreuung durch die Professoren bin ich sehr zufrieden.

Würden Sie Ihren Studiengang und Ihre Hochschule weiterempfehlen?
Ich würde meine Hochschule und meinen Studiengang auf jeden Fall weiter empfehlen. Insbesondere im Tourismusschwerpunkt sind wir eine kleine Gruppe, sodass wir durch unsere Professoren individuell unterstützt werden können.
Allerdings sollte man sich vor Aufnahme des Studiums darüber im Klaren sein, dass die ersten drei Semester aus einem reinen Wirtschaftsstudium bestehen.

Ausbildung oder Studium oder beides nacheinander? Was ist der bessere Weg heutzutage? Gibt es „den" ultimativen Königsweg?
Diese Frage kann ich nicht eindeutig beantworten. Ich glaube, das hängt davon ab, in welchem Bereich man später arbeiten möchte. Viele meiner Kommilitonen haben im Vorfeld eine Ausbildung im Reisebüro oder im Hotel gemacht. Ich hingegen habe direkt angefangen zu studieren. Ich glaube allerdings, dass eine vorherige Ausbildung mit touristischem Bezug nie ein Nachteil ist.

Reicht der Bachelor-Abschluss heutzutage aus Ihrer Sicht aus oder muss es zwingend der Master-Abschluss sein? Wie erfahren ist die Tourismusbranche mit den neuen Studienabschlüssen?
Ich selbst habe vor, nach dem Bachelor-Abschluss einen Master-Studiengang anzuschließen. Trotz-

dem glaube ich, dass gerade in der Tourismusbranche internationale Berufserfahrungen und Praktika wichtiger sind als ein höherer Studienabschluss.

Was meinen Sie, wie kommt man nach dem Studium am besten in den gewünschten Job? Über Praktika, Projektarbeiten, Bachelor-/ Master-Thesis, Traineeprogramme, Direkteinstieg, Auslandsaufenthalte, Fremdsprachen, Netzwerke, Vitamin B,...?
Ich glaube, dass Praktika ein guter Türöffner sind. Ich habe schon von vielen ehemaligen Studierenden gehört, die nach einem erfolgreichen Praktikum das Angebot zur Festanstellung erhalten haben. Des Weiteren halte ich Fremdsprachen und Auslandsaufenthalte für besonders wichtig.

Arbeiten in der Tourismusbranche - bedeutet dies automatisch viel unterwegs zu sein und viel zu reisen?
Ich denke nicht, dass dies der Fall ist. Es gibt im Tourismus viele Tätigkeiten, die primär gar nichts mit dem touristischen Produkt zu tun haben. Trotzdem hat die Tourismusbranche nach wie vor einen internationalen Charakter und bietet in vielen Bereichen die Möglichkeit, im Ausland zu arbeiten oder viel zu reisen, selbstverständlich ist dies aber nicht.

Was meinen Sie, was sind grundsätzlich die Vor- und Nachteile in der Tourismusbranche zu arbeiten?
Als Vorteil würde ich die Internationalität sehen. Für mich war insbesondere die Begeisterung für andere Länder und Kulturen ein ausschlaggeben-

der Aspekt für die Entscheidung, Tourismus zu studieren. Ein Nachteil könnte die grundsätzlich eher schlechte Bezahlung sein und die Tatsache, dass es sich bei den meisten touristischen Berufen um einen Bürojob, wie in vielen anderen Branchen auch, handelt.

Wollen Sie den zukünftigen Studienanfängern noch etwas mit auf den Weg geben?

Ich denke, es ist sinnvoll, ein betriebswirtschaftliches Studium mit einer touristischen Vertiefung zu wählen. Bei meiner Suche nach einem Praktikum ist mir aufgefallen, dass viele touristische Firmen Stellenangebote speziell für Wirtschaftswissenschaftler mit touristischem Schwerpunkt ausschreiben. Ich meine, dass man mit einem solchen Studium gut aufgestellt ist und bei der späteren Berufswahl nicht zu eingeschränkt ist. Für Studienanfänger, die genau wissen, in welchem touristischen Tätigkeitsfeld sie später arbeiten wollen, mag aber auch ein spezialisiertes Studienangebot in Frage kommen.

HERZLICHEN DANK!!

Name: Linda Kreisel
Fachsemester: 5. Semester
Studiengang: Internationaler Studiengang Tourismusmanagement
Abschluss: Bachelor of Arts
Hochschule: Hochschule Bremen

Welche Voraussetzungen sind erforderlich, um einen Studienplatz in dem von Ihnen gewählten Studiengang zu bekommen?

Um sich an der Hochschule Bremen einschreiben zu können, gibt es mehrere Zulassungsbedingungen: Voraussetzung sind die Allgemeine Hochschulreife (Abitur) oder Fachhochschulreife oder eine Einstufungsprüfung. Dann muss man Sprachkenntnisse in Englisch auf dem Niveau B1.2 nachweisen können. Dies bedeutet, dass man entweder einen Sprachtest vorlegen kann (z.B. FCE oder TOEFL) oder sein Abitur bzw. seine Fachhochschulreife mit mindestens der Note 3,0 in Englisch bestanden hat. Auch gibt es die Möglichkeit, die Englischkenntnisse durch einen Auslandsaufenthalt oder eine Ausbildung (z.B. zum/zur Fremdsprachenkorrespondent/in) zu belegen.

Als ein weiteres Kriterium ist es erforderlich, entweder eine tourismusbezogene Ausbildung (z.B. als Tourismuskauffrau/mann bzw. Hotelfachfrau/mann) oder ein Vorpraktikum von zwölf Wochen in einer touristischen Organisation vorzuweisen. Dieses muss jeweils vor Studienbeginn abgeschlossen sein.

Erfüllt man diese Kriterien, werden die Plätze nach dem Notendurchschnitt vergeben. Insgesamt gibt es pro Semester ca. 40 Studienplätze.

Warum haben Sie sich ausgerechnet für diesen Studiengang entschieden? War dieser Ihre erste Wahl?

Die Hochschule Bremen war definitiv meine erste Wahl! Viele Studiengänge, obwohl sie alle „Tourismusmanagement" o.ä. heißen, haben sehr unterschiedliche Studieninhalte. Was mir an der Hochschule Bremen besonders gut gefallen hat, war, dass Tourismusmanagement dort einen sehr guten Ruf hat. Man studiert in kleinen Gruppen. Die Inhalte sind sehr anwendungsbezogen. Der Praxisbezug ist ein Aushängeschild der Hochschule Bremen. Zudem erlernt man eine neue Fremdsprache und verbringt zwei Semester im Ausland. Internationalität ist ein weiteres Standbein der Hochschule. Bisher habe ich meine Wahl nicht bereut.

Was machen Sie inhaltlich genau in Ihrem Studiengang? Auf welche beruflichen Tätigkeiten bereitet dieser Sie vor?

Wenn man sich für Tourismusmanagement entscheidet, dann sollte man wissen, dass man grundlegend ein BWL-Studium absolviert. Dies bedeutet, dass insbesondere in den ersten Semestern auch Fächer wie Kosten- und Leistungsrechnung und auch Controlling belegt werden müssen. Also Fächer, die man vielleicht zu Beginn nicht direkt mit der Tourismusbranche in Verbindung bringt. Das Schöne ist jedoch, dass einem diese eher „trockenen" Fächer immer im Bezug auf die Tourismusbranche erläutert werden. So rechnet man beispielsweise aus, wie viele Betten pro Monat in einem Hotel belegt werden müssen, um kostendeckend zu arbeiten und Profit zu erzielen.

Neben diesen Fächern gibt es auch spezielle Tourismus-Module, z.b. Strategisches Marketing und Management im Tourismus oder Kulturwissenschaften. So wird nach meinem Empfinden ein guter Ausgleich zu den betriebswirtschaftlichen Fächern geboten. Generell würde ich sagen, wird man durch das Tourismusstudium gut auf Führungspositionen im Management vorbereitet.

Was wollen Sie beruflich später machen? Haben Sie schon eine konkrete Vorstellung?
Ich finde, die Tourismusbranche bietet einem viele Möglichkeiten, da man, wie bereits erwähnt, auch fundierte Kenntnisse über betriebswirtschaftliche Vorgänge erlangt. So sind typische Tourismusbetriebe, wie z.b. Reiseveranstalter, Reisebüros, regionale Tourismusorganisationen oder auch Hotels, potenzielle Arbeitsgeber. Auch Verkehrsträger, wie Fluggesellschaften oder Bahnunternehmen sowie Event-, Kongress- und Messeorganisationen, sind mögliche Arbeitgeber.

Momentan bin ich noch nicht so sicher, welchen beruflichen Weg ich nach dem Studium einschlagen möchte. Das Messe- und Kongresswesen finde ich sehr interessant, da ich seit zwei Jahren neben dem Studium auch regelmäßig auf Messen arbeite und somit bereits einen Einblick in dieses Segment erhalten habe. Auch spricht mich der Gesundheitstourismus an, da dieser große Zukunftschancen hat.

Wie sieht ein typischer Studientag bei Ihnen aus – gibt es diesen überhaupt bei Ihnen?

Zu Beginn des Semesters bekommt man einen Stundenplan zugeteilt. Pro Semester gibt es fünf Module. Die Fremdsprachenkurse sind, je nach Wahl, natürlich unterschiedlich und manchmal gibt es A- und B-Kurse, um in noch kleineren Gruppen zu lernen. Die Vorlesungen und Zeiten sind festgelegt; so ist der Studiengang sehr verschult. Es gibt jedoch keine Anwesenheitspflicht.

Vorlesungszeiten sind von 8.30-19.30 Uhr und meistens dauert eine Vorlesung 1,5 bis 3 Stunden - natürlich mit Pausen. Circa ein Drittel jedes Fachs besteht aus praktischen Übungen. Dies bedeutet, dass man beispielsweise bei einer dreistündigen Vorlesung zwei Stunden die Theorie erklärt bekommt und dann in einer weiteren Stunde das Erlernte anwendet. Die Anzahl der Vorlesungen pro Tag variiert von Semester zu Semester. Teilweise gibt es auch Vorlesungsseminare am Samstag, ansonsten von Montag bis Freitag. Ein Semester besteht aus 15 Wochen und im Anschluss daran folgt eine zweiwöchige Prüfungsphase.

Die Prüfungen finden entweder in schriftlicher (Klausur oder Hausarbeit) oder in mündlicher Form (mündliche Prüfung, Präsentation oder Gruppenarbeit) statt. Die Endnote der Module setzt sich aus mehreren Teilleistungen zusammen.

Im Durchschnitt bin ich vier Tage an der Uni. In meinen Freistunden gehe ich entweder in die Cafeteria, in die Bibliothek bzw. in den Computerraum zum Lernen oder auch mal nach Hause. Da die Vorlesungen ein Semester lang gleich bleiben, würde ich schon sagen, dass ich einen „Studienalltag" habe.

Sind ein Auslandssemester, Inlands- bzw.
Auslandspraktika und Fremdsprachen fester
Bestandteil Ihres Studiums? Wenn ja, welche?
An der Hochschule Bremen kann man zu Beginn
des ersten Semesters zwischen vier Fremdsprachen
wählen: Spanisch, Französisch, Portugiesisch und
Indonesisch. In allen Sprachen kann man zwischen
Anfänger- oder Fortgeschrittenen-Niveau wählen.
Häufig ist es so, dass die Studierenden im fünften
und sechsten Semester auch in die Länder gehen,
dessen Sprache sie gelernt haben. Dies ist aller-
dings nicht verpflichtend.
Die Hochschule Bremen pflegt viele Kontakte zu
Universitäten im Ausland. Man kann sein Auslandssemester entweder an einer Partneruniversität
verbringen oder seine Wunsch-Hochschule in
Eigeninitiative organisieren.
Das Praktikum im sechsten Semester ist auch im
Ausland zu absolvieren. Die Organisation des
Praktikums liegt hierbei in der Hand der Studierenden. Für die Auslandssemester übernimmt die
Hochschule Bremen keine Kosten, jedoch gibt es
die Möglichkeit, sich für Förderungsprogramme
wie ERASMUS und PROMOS zu bewerben.

Können Sie etwas zu Ihrem Arbeitspensum (in
Wochenstunden) sagen?
Das Wochenpensum hängt vom jeweiligen Semester, den Kursen und dem persönlichen Lernstil ab.
Ich persönlich tue mich mit mathematischen Fächern eher schwerer, d.h. dafür muss ich mehr
lernen. Es gibt Studierende, die das gesamte Semester über immer ein bisschen lernen und die
anderen, die alles am Ende kurz vor den Prüfungen reinpauken. So ist mein Arbeitspensum über

das Semester verteilt sehr annehmbar, jedoch zum Ende hin stressig.

Werden Studiengebühren fällig? Wenn ja, wie hoch?

In Bremen gibt es keine Studiengebühren. Es fällt jedoch ein Semesterbeitrag in Höhe von ca. 270 Euro an. Darin ist das Semesterticket enthalten, mit dem man im Nahverkehrsbereich in Bremen und mit Regionalzügen in ganz Niedersachsen sowie bis nach Hamburg fahren kann.

Haben sich Ihre bisherigen Erwartungen an Ihr Studium erfüllt?

Bisher bin ich sehr zufrieden mit meinem Studium. Ich habe direkt nach dem Abitur damit angefangen und hatte nie wirtschaftliche Fächer in der Schule. Ich wusste also gar nicht, ob mir Tourismusmanagement überhaupt gefällt und bin sehr froh, dass meine Entscheidung sich als die Richtige herausgestellt hat! Ich mag das ausgewogene Verhältnis zwischen betriebswirtschaftlichen und tourismusspezifischen Fächern. Meinen Studiengang würde ich als sehr praxisorientiert und nicht trocken bezeichnen.

Würden Sie Ihren Studiengang und Ihre Hochschule weiterempfehlen?

Ich würde meinen Studiengang in jedem Fall weiterempfehlen, da dieser mir sehr viel Spaß macht und Praxisbezug sowie Internationalität an der Hochschule Bremen groß geschrieben wird.

Ausbildung oder Studium oder beides nacheinander? Was ist der bessere Weg heutzutage? Gibt es „den" ultimativen Königsweg?

„Den" ultimativen Königsweg gibt es meiner Meinung nach nicht. Ich finde, dass jede bzw. jeder für sich selbst herausfinden muss, welches der richtige Weg ist. Eine Ausbildung bietet Vorteile im Hinblick auf den Praxisbezug. Man ist mit zahlreichen Begriffen bereits vertraut und kann Verbindungen zwischen Theorie und Praxis knüpfen. Jedoch weiß ich aus eigener Erfahrung, dass vielen Kommilitonen zu Beginn des Studiums das Wegfallen eines zuvor regelmäßigen Einkommens nun fehlt.

Reicht der Bachelor-Abschluss heutzutage aus Ihrer Sicht aus oder muss es zwingend der Master-Abschluss sein? Wie erfahren ist die Tourismusbranche mit den neuen Studienabschlüssen?

Meiner Meinung nach ist ein Master-Abschluss im Tourismus schon sinnvoll. Die Branche ist sehr breit aufgestellt und durch den Master kann man sich weiter spezialisieren.

Wichtiger als ein weiterer Abschluss sind die Praxiserfahrungen. So bin ich sehr froh, dass ich am Ende meines Bachelor-Studiums bereits zwei Praktika aufweisen kann - das Vorpraktikum und das Praktikum im sechsten Semester.

Ich denke, man kann mit einem Bachelor-Abschluss in den Beruf einsteigen. Die Chancen erhöhen sich jedoch durch einen abgeschlossenen Master und erste Berufserfahrungen.

Was meinen Sie, wie kommt man nach dem Studium am besten in den gewünschten Job? Über Praktika, Projektarbeiten, Bachelor-/ Master-Thesis, Traineeprogramme, Direkteinstieg, Auslandsaufenthalte, Fremdsprachen, Netzwerke, Vitamin B,...?

Da ich mich persönlich noch nicht wirklich damit beschäftigt habe, kann ich nur vermuten, dass Traineeprogramme immer eine gute Möglichkeit sind, in ein Unternehmen einzusteigen. Jedoch ist die Praxiserfahrung das A und O und so könnte ich mir vorstellen, dass man durch Praktika leichter an seinen Traumjob kommen kann. Vitamin B spielt wie in fast jeder Branche auch eine große Rolle. So ist es beispielsweise an der Hochschule Bremen schön, dass ab dem ersten Semester Projekte in Kooperation mit Unternehmen durchgeführt werden. Dies ist eine gute Möglichkeit, erste Kontakte zu knüpfen.

Arbeiten in der Tourismusbranche – bedeutet dies automatisch viel unterwegs zu sein und viel zu reisen?
Ich hoffe sehr, dass ich in meinem späteren Job viel unterwegs sein werde, aber man sollte sich immer vor Augen führen, dass die meisten Jobs in der Tourismusbranche am Schreibtisch stattfinden. Die Chance, im Ausland zu arbeiten, ist im Tourismus natürlich größer.

Was meinen Sie, was sind grundsätzlich die Vor- und Nachteile in der Tourismusbranche zu arbeiten?
Ich denke, die Tourismusbranche wird immer wichtig bleiben, da Urlaub für viele Menschen etwas ist, für das sie gerne ihr Geld sparen und auch ausgeben. Dies ist der größte Vorteil, finde ich.
Ein Nachteil könnte sein, dass man im Verhältnis zu anderen Branchen generell weniger verdient und der Tourismus eine durch Frauen dominierte Branche ist.

Wollen Sie den zukünftigen Studienanfängern noch etwas mit auf den Weg geben?

Habt Spaß an dem, was Ihr macht! Egal, was die anderen sagen, denn nur dann seid Ihr auch gut darin!

HERZLICHEN DANK!!

Name: Chiara Hübscher
Fachsemester: 5. Semester
Studiengang: Tourism & Event Management
Abschluss: Bachelor of Arts
Hochschule: EBC Hochschule, Hamburg

Welche Voraussetzungen sind erforderlich, um einen Studienplatz in dem von Ihnen gewählten Studiengang zu bekommen?
Ich konnte mich bereits ein Jahr vor Studienbeginn bewerben, als ich noch mitten in den Vorbereitungen für das Abitur steckte, welches Voraussetzung ist, um studieren zu können (neben der allgemeinen Hochschulreife, der fachgebundenen Hochschulreife ist der Einstieg auch über die Fachhochschulreife mit beruflicher Praxis möglich). Die Bewerbung umfasste Lebenslauf, Zeugnisse und ein Motivationsschreiben. Bei erfolgreicher Bewerbung wird man zu einem Auswahltest eingeladen. Ich musste aufgrund meines guten Notendurchschnitts im Schulzeugnis nur die Sprachtests in Englisch und Spanisch machen, die mein Leistungsniveau einschätzen sollten, damit entschieden werden konnte, in welchen Kurs ich später komme. Ein kurzes Interview mit der Studiengangsleitung und damit war der Studienplatz gesichert.

Warum haben Sie sich ausgerechnet für diesen Studiengang entschieden? War dieser Ihre erste Wahl?
In der Schule war ich noch ziemlich unsicher, was ich nach dem Abitur machen wollte. Das Einzige, was für mich feststand, war, dass es etwas Interna-

tionales sein musste und ich meine Fremdsprachenkenntnisse anwenden konnte.

Meine Mutter hat mich schließlich auf die Kreuzfahrtbranche aufmerksam gemacht, da sie einen Fernsehbeitrag zu dieser Branche gesehen hat. Also habe ich nach touristischen Studiengängen Ausschau gehalten. Dabei bin ich auf ein Studienangebot in Bremerhaven gestoßen, das einen spezifischen Studiengang für das Kreuzfahrt-Management anbietet. Schließlich habe ich mir aber gedacht, dass ich mir mit einem zu speziellen Studium möglicherweise Arbeitswege im späteren Leben verbauen könnte. Als ich dann eine Studierenden-Messe in Hamburg besucht habe, bin ich auf die EBC Hochschule aufmerksam geworden und habe an dieser einen Tag der offenen Tür besucht. Dieser hat mich schließlich vollends überzeugt und ich habe mich somit für den Tourismus- und Event-Management-Studiengang an der EBC Hochschule in Hamburg eingeschrieben.

Was machen Sie inhaltlich genau in Ihrem Studiengang? Auf welche beruflichen Tätigkeiten bereitet dieser Sie vor?

Im ersten Semester erlernt man zunächst die Basics der Betriebswirtschaftslehre (BWL, VWL, Wirtschaftsmathematik und -statistik, Finanzbuchhaltung etc.) und die Grundlagen der Tourismus- und Eventbranche. Je höher das Semester, desto spezifischer sind die Vorlesungen auf den Tourismus und die Eventbranche ausgerichtet (Hotelmanagement, Verkehrsträgermanagement, Reiseveranstaltung, Inszenierung und Dramaturgie von Events, Qualitätsmanagement im Tourismus/Event u.a.). Im sechsten und damit letzten Semester kann man sich dann entweder auf Tourismus-

oder Event-Management spezialisieren, sodass neben Fächern wie Aspekte der räumlichen Planung, Nachhaltigkeit und Barrierefreiheit nur noch Vorlesungen der gewählten Spezialisierung, bei mir Tourismus, belegt werden. Mit diesem Studium ist man insgesamt sowohl für die Tourismus- und Eventbranche als auch aufgrund der betriebswirtschaftlichen Basis ebenso für Berufe anderer Wirtschaftszweige gut vorbereitet. Durch die beiden Pflichtpraktika kann man die erlernte Theorie dann in der Praxis anwenden und für sich selbst schon einmal eine berufliche Richtung finden.

Was wollen Sie beruflich später machen? Haben Sie schon eine konkrete Vorstellung?

Meine Praktika während des Studiums haben mich in meiner Intention, dieses Studium zu wählen, bestätigt: etwas mit Airlines oder Kreuzfahrt soll es sein. Mein Traum wäre es, für einen der großen Reiseveranstalter in Deutschland zu arbeiten; mit dem Fokus auf Airline- oder Kreuzfahrt-Management, am liebsten im Marketing oder in der Produktentwicklung. Um 100 Prozent sicherzugehen, würde ich gerne ein Traineeprogramm absolvieren, bei dem man alle Abteilungen des Unternehmens durchläuft und so für sich feststellen kann, welcher Aufgabenbereich einem am meisten liegt.

Wie sieht ein typischer Studientag bei Ihnen aus - gibt es diesen überhaupt bei Ihnen?

Grundsätzlich: ja, den gibt es. Dadurch, dass die EBC Hochschule eine private Einrichtung ist, ist der Studienalltag sehr strukturiert mit einem festen Vorlesungsplan für das gesamte Semester. 90 Minuten dauern die Vorlesungen, dazwischen gibt es

Pausen von 15 Minuten bis zu einer halben Stunde. Oft bringen die Professoren und Dozenten Experten aus der Branche mit in die Vorlesung; eine gute Gelegenheit für uns zu „netzwerken". Auch werden zahlreiche Exkursionen in die Praxis unternommen. Mit dabei waren schon Hotelbetriebe, Erlebniswelten, Event-Agenturen und Event Locations, die besichtigt wurden.

Des Öfteren finden auch Veranstaltungen an der Hochschule statt, wie beispielsweise der EBC Cruise Talk. Hier bieten sich von studentischer Seite immer Möglichkeiten, diese Veranstaltungen mit zu organisieren.

Sind ein Auslandssemester, Inlands- bzw. Auslandspraktika und Fremdsprachen fester Bestandteil Ihres Studiums? Wenn ja, welche?

Das Fremdsprachenangebot war eines der Gründe, warum ich mich für die EBC Hochschule und dieses Studium entschieden habe. Neben Englisch muss man eine weitere Fremdsprache belegen - in meinem Fall Spanisch. Darüber hinaus stehen auch noch Französisch und Chinesisch zur Auswahl – und wenn man möchte, auch eine dritte Fremdsprache.

Ein weiterer fester Bestandteil, der mich in meiner Wahl bestätigt hat, ist das Auslandssemester, welches man an den entsprechenden Partnerhochschulen auf der ganzen Welt absolvieren kann. Mich hat es nach Australien gezogen - preislich nicht ganz günstig, aber es hat sich in jeder Hinsicht für mich gelohnt.

An der EBC Hochschule gibt es zwei Pflichtpraktika von jeweils mindestens drei Monaten, die jeweils in den Semesterferien absolviert werden. Hierbei geht es zum einen darum, das in den Vorlesungen Gelernte in die Praxis umzusetzen, das Arbeitsleben kennenzulernen sowie auch Kontakte zu knüpfen. Während das erste Praktikum im In- oder Ausland absolviert werden kann, muss das zweite im Ausland erfolgen. Mein erstes Praktikum absolvierte ich am Hamburger Flughafen. Im Rahmen meines Auslandspraktikums habe ich für ein Kreuzfahrtunternehmen in Sydney gearbeitet. Für mich stellten diese beiden Praktika erste, und v.a. auch sehr positive Berufserfahrungen dar, da ich im Vorfeld des Studiums keine Ausbildung gemacht habe.

Können Sie etwas zu Ihrem Arbeitspensum (in Wochenstunden) sagen?
Pro Semester stehen etwa elf Fächer á 90 Minuten einmal wöchentlich auf dem Vorlesungsplan. Neben den Vorlesungen gibt es immer etwas zu tun, wie beispielsweise Hausarbeiten schreiben, Präsentationen vorbereiten oder sich um einen Praktikumsplatz kümmern. Insbesondere vor den Klausurphasen ballt sich die Arbeit. Ich selbst habe es geschafft, neben dem Studium einen Nebenjob anzunehmen und meinem Hobby, dem Reiten, nachzugehen. Dazu sei zu sagen, dass mir das Lernen und somit die Vor- und Nachbereitungen der Vorlesungen sehr leicht fällt.

Werden Studiengebühren fällig? Wenn ja, wie hoch?
Da die EBC Hochschule eine private Einrichtung ist, werden Studiengebühren fällig. Ich zahle monatlich 675 Euro. Es besteht die Möglichkeit, die Gebühren einmalig, jährlich oder je Semester zu zahlen; dann sind die Konditionen etwas günstiger.

Haben Sie sich Ihre bisherigen Erwartungen an Ihr Studium erfüllt?
Bislang - und ich bin ja nun fast fertig - haben sich meine Erwartungen an mein Studium erfüllt. Gerne hätte ich neben den Praktika noch weitere Berufserfahrungen gesammelt; dies ist jedoch sehr schwierig mit dem Vorlesungsplan zu vereinbaren.

Würden Sie Ihren Studiengang und Ihre Hochschule weiterempfehlen?
Ja, ich kann beides weiterempfehlen! Bislang hat mich die EBC Hochschule in diesem Studiengang an alle meine Ziele geführt.

Ausbildung oder Studium oder beides nacheinander? Was ist der bessere Weg heutzutage? Gibt es „den" ultimativen Königsweg?
Der „Königsweg" könnte ein duales Studium sein, die Wahl des Weges hängt jedoch sehr von der eigenen Persönlichkeit ab. Für mich selbst wäre ein duales Studium eine geeignete Alternative gewesen. Zu der Zeit, als ich mit dem Abitur fertig geworden bin, habe ich mich nicht so sehr mit der Suche nach dualen Studiengängen beschäftigt. Ich glaube allerdings, dass die Tourismusbranche diesbezüglich Nachholbedarf hat. Alles in allem war das Studium an der EBC Hochschule in Verbindung mit den Praktika der richtige Weg für mich. Ich kenne aber auch einige, die vor dem Studium zunächst eine Ausbildung in der Hotellerie gemacht haben.

Reicht der Bachelor-Abschluss heutzutage aus Ihrer Sicht aus oder muss es zwingend der Master-Abschluss sein? Wie erfahren ist die

Tourismusbranche mit den neuen Studienab-
schlüssen?
Meiner Meinung nach ist der Bachelor-Abschluss
zunächst ausreichend für den Berufseinstieg. Je
nachdem, welche persönlichen Ziele man sich für
die eigene Karriere setzt, kann man später immer
noch einen Master machen, um sich dann v.a. auf
ausgewählte Schwerpunkte wie Marketing oder
Personalmanagement zu spezialisieren. Ich habe
den Eindruck, dass ein Tourismus-Master eher für
solche geeignet ist, die ein Bachelor-Studium in
einer anderen Fachrichtung absolviert haben, z.B.
Betriebswirtschaftslehre oder Kulturwissenschaften. Master-Programme im Tourismus, über die
ich mich informiert habe, beinhalteten sehr viele
Fächer, die bereits in meinem Bachelor-Studium
abgedeckt wurden. Ich könnte mir vorstellen,
später noch einmal berufsbegleitend zu studieren,
um den Master-Abschluss zu erlangen - sehr wahr-
scheinlich aber nicht mit touristischem Fokus.

Was meinen Sie, wie kommt man nach dem
Studium am besten in den gewünschten Job?
Über Praktika, Projektarbeiten, Bachelor-/
Master-Thesis, Traineeprogramme, Direktein-
stieg, Auslandsaufenthalte, Fremdsprachen,
Netzwerke, Vitamin B,...?
Ich würde gerne über ein Traineeprogramm in den
Beruf einsteigen. Diese Programme sind allerdings
sehr gefragt und es bewerben sich viele Interessen-
ten auf nur wenige Plätze.
Netzwerke können beim Berufseinstieg mit Sicherheit helfen, besonders wenn es sich um ehemalige Arbeitgeber aus den Praktika handelt, welche auch Referenzen für die Bewerbung bereitstel-
len können. Sollte es mit dem Traineeprogramm

bei mir nicht klappen, werde ich den Direkteinstieg versuchen, der möglicherweise auch über Praktika gelingen kann.

Arbeiten in der Tourismusbranche – bedeutet dies automatisch viel unterwegs zu sein und viel zu reisen?

Jein. Die Tourismusbranche ist so vielseitig, da ist es schwierig, dies zu verallgemeinern. Nimmt man z.B. einen Job an Bord eines Kreuzfahrtschiffes an, dann ist man natürlich viel unterwegs (was aber nicht heißt, dass man überall etwas zu sehen bekommt, wenn das Schiff anlegt). Generell muss man sich vor Augen halten, dass das Ziel der meisten Berufe in dieser Branche ist, für andere Menschen „die schönste Zeit des Jahres" - den Urlaub - zu gestalten

Was meinen Sie, was sind grundsätzlich die Vor- und Nachteile in der Tourismusbranche zu arbeiten?

Generell handelt es sich bei der Tourismusbranche um eine Dienstleistungsbranche entweder mit viel oder wenig Kundenkontakt; dies in Abhängigkeit von dem Tätigkeitsbereich (z.B. Produktmanagement oder Controlling eines Unternehmens) und der Position, in der man arbeitet. Das kann Spaß machen, aber auch sehr anstrengend und stressig sein. Man trägt die Verantwortung dafür, dass die Kunden, die das ganze Jahr lang auf den Moment des Urlaubs hingearbeitet haben, zufrieden mit diesem sind. Auch handelt es sich bei vielen Jobs in der Branche um solche, die kaum oder kein Wochenende und Feiertage kennen. Oftmals ist es selbstverständlich zu arbeiten, wenn andere frei haben; Überstunden gehören zum Alltag. Zumindest kann ich das von meinen bisherigen Jobs im Tourismus sagen.

Was für mich diese Branche so besonders und arbeitswert macht, ist die Internationalität und Vielfältigkeit. Jeder Tag ist neu und auf seine Weise spannend und interessant. Es schwebt immer ein bisschen Urlaub in der Luft.

__Wollen Sie den zukünftigen Studienanfängern noch etwas mit auf den Weg geben?__

Die Suche nach dem geeigneten Studium und nach der richtigen Universität ist ganz bestimmt nicht leicht, da das Angebot so groß ist und man leider nicht immer sagen kann, was einen erwartet. Ich würde empfehlen, sich vor Ort an der Hochschule ein persönliches Bild zu machen. Wenn die Möglichkeit besteht, hilft es auf jeden Fall, mit ehemaligen Studierenden der anvisierten Hochschule zu sprechen.

Und zu guter Letzt: Auch ein Studienabbruch ist keine Schande. Manchmal ist der einzige Weg herauszufinden, ob das Studium zu einem passt, es einfach auszuprobieren. Und falls es nicht das Richtige sein sollte, ist man um eine Erfahrung reifer.

__HERZLICHEN DANK!!__

Name: Andrea Mensing
Fachsemester: 5. Semester
Studiengang: Tourismusmanagement
Abschluss: Bachelor of Arts
Hochschule: Hochschule Harz, Wernigerode

Welche Voraussetzungen sind erforderlich, um einen Studienplatz in dem von Ihnen gewählten Studiengang zu bekommen?
Allgemeine Hochschulreife, fachgebundene Hochschulreife, Fachhochschulreife oder eine vom Ministerium anerkannte vergleichbare Vorbildung. Der Studiengang Tourismusmanagement ist zulassungsbeschränkt (NC) und beginnt im Sommer- und im Wintersemester.

Warum haben Sie sich ausgerechnet für diesen Studiengang entschieden? War dieser Ihre erste Wahl?
Ja, das war meine erste Wahl, da ich bereits vorher eine Ausbildung zur Reiseverkehrskauffrau abgeschlossen und mehrere Jahre in der Touristik gearbeitet habe. Ich wusste, dass ich in der Berufssparte bleiben und mein Wissen vertiefen wollte.

Was machen Sie inhaltlich genau in Ihrem Studiengang? Auf welche beruflichen Tätigkeiten bereitet dieser Sie vor?
Wir haben viele allgemeine betriebswirtschaftliche Fächer (Wirtschaftsmathematik, VWL, BWL, Rechnungswesen etc.) und zudem tourismusspezifische Fächer. In den ersten Semestern sind diese allgemein für alle Studierenden des Studiengangs, ab dem fünften Semester belegt man sog. BFOs

(Berufsfeldorientierungen) und kann sich in verschiedenen Bereichen vertiefen, z.B. in Verkehrsträgermanagement, Business Travel oder Touristikmanagement.

Was wollen Sie beruflich später machen? Haben Sie schon eine konkrete Vorstellung?
Ja, ich würde später gerne bei einem Reiseveranstalter oder einer Incoming-Agentur im Management arbeiten.

Wie sieht ein typischer Studientag bei Ihnen aus - gibt es diesen überhaupt bei Ihnen?
Einen typischen Studientag gibt es eigentlich nicht. Die Vorlesungen variieren von Semester zu Semester und von Tag zu Tag. Mal fängt man um 8.00 Uhr an oder auch erst am Mittag und manchmal hat man Vorlesungen bis abends um 20.00 Uhr. Neben den Vorlesungen gibt es sehr viele zusätzliche Veranstaltungen an der Hochschule, die man besuchen kann, wie z.B. Themenforen, Jobmessen o.ä.

Sind ein Auslandssemester, Inlands- bzw. Auslandspraktika und Fremdsprachen fester Bestandteil Ihres Studiums? Wenn ja, welche?
Das vierte Semester ist ein Praxissemester. Wir können uns hier für ein Praktikum im In- oder Ausland entscheiden oder ein Auslandssemester absolvieren. Im siebten Semester macht man dann noch das BachelorPraktikum, welches man im Inland oder Ausland absolvieren kann. Neben Englisch ist eine zweite Fremdsprache Pflicht; hierzu zählen Spanisch, Französisch oder Russisch. Es werden aber auch noch weitere Sprachen angeboten, die man zusätzlich belegen kann.

Können Sie etwas zu Ihrem Arbeitspensum (in Wochenstunden) sagen?

In diesem Semester habe ich im Schnitt pro Woche 15 Vorlesungen (á 90 Minuten), das entspricht 22,5 Zeitstunden. Das deckt sich auch ungefähr mit den vorherigen Semestern. Neben den Vorlesungen stehen noch Präsentationen, Hausarbeiten und das Nacharbeiten der Vorlesungen an.

Werden Studiengebühren fällig? Wenn ja, wie hoch?

In Sachsen-Anhalt zahlen wir lediglich den Semesterbeitrag von ca. 80 Euro, der auch das Bus-Ticket für Wernigerode und Umkreis beinhaltet.

Haben sich Ihre bisherigen Erwartungen an Ihr Studium erfüllt?

Ja, meine Erwartungen haben sich erfüllt. Mein Ziel war es, einen tieferen Blick in die Tourismusbranche zu bekommen, und das ist auf jeden Fall geschehen. Ich war am Anfang erstaunt über die vielen betriebswirtschaftlichen Fächer, aber die Tourismusfächer kommen trotzdem nicht zu kurz. Durch meine Ausbildung vorher hatte ich für ein paar Vorlesungen schon gute Vorkenntnisse, vieles war aber dennoch neu für mich.

Würden Sie Ihren Studiengang und Ihre Hochschule weiterempfehlen?

Ich würde diesen Studiengang sehr empfehlen. Es arbeiten sehr viele Dozenten an der Hochschule Harz, die auch selbst Erfahrungen in der Branche gemacht haben. Das Studium ist daher praxisnah und man hat viele gute Ansprechpartner bei Fragen oder Problemen. Die Hochschule hat außerdem einen sehr guten Ruf, sogar während meines

Praktikums im Ausland stand die Hochschule bei meiner Chefin für den Studiengang Tourismusmanagement hoch im Kurs. Wer überlegt in die Tourismusbranche zu gehen, ist hier auf jeden Fall gut aufgehoben.

Ausbildung oder Studium oder beides nacheinander? Was ist der bessere Weg heutzutage? Gibt es „den" ultimativen Königsweg?

Ich habe erst die Ausbildung gewählt, im Anschluss daran zweieinhalb Jahre gearbeitet und mich dann für ein Studium entschieden. Diesen Weg würde ich persönlich immer wieder so wählen, da die Ausbildung ein gutes Fundament für ein Tourismusstudium ist. Ich wusste nach meinen Praxisjahren, dass die Tourismusbranche genau mein Ding ist und ich dieses Wissen vertiefen möchte, um später auch andere Positionen in der Touristik wahrnehmen zu können.

Viele Studierende kommen nach dem Abitur hierher und wissen vorher nicht genau, was sich überhaupt alles in der Branche abspielt und welche Möglichkeiten man hat. Ein Praktikum von ein paar Wochen macht daher in meinen Augen sehr viel Sinn, wenn man vorher keine Ausbildung machen möchte.

Reicht der Bachelor-Abschluss heutzutage aus Ihrer Sicht aus oder muss es zwingend der Master-Abschluss sein? Wie erfahren ist die Tourismusbranche mit den neuen Studienabschlüssen?

Für viele Jobangebote reicht laut Stellenausschreibungen der Bachelor-Abschluss aus. Für den Weg, den ich gerne einschlagen möchte, ebenfalls. Man sollte sich im Klaren darüber sein, wo man hin möchte und sich dann entscheiden, ob der Master notwendig ist oder nicht. Für viele wird sich das aber erst während des Studiums entscheiden.

Was meinen Sie, wie kommt man nach dem Studium am besten in den gewünschten Job? Über Praktika, Projektarbeiten, Bachelor-/ Master-Thesis, Traineeprogramme, Direkteinstieg, Auslandsaufenthalte, Fremdsprachen, Netzwerke, Vitamin B,...?

Ich habe bislang den Eindruck gewonnen, dass es in der Tourismusbranche wichtig ist, durch Praktika und Projekte erworbene Erfahrungen mitzubringen, sich ein Netzwerk aufzubauen und echtes Interesse an der Branche zu zeigen. Im Tourismus gibt es immer wieder Neues, Veränderungen, und es gibt viel zu entdecken. Daher sollte man nicht nur halbherzig dabei sein.

Arbeiten in der Tourismusbranche - bedeutet dies automatisch viel unterwegs zu sein und viel zu reisen?

Das bedeutet es nicht zwangsläufig, aber sicherlich mehr als in anderen Berufsfeldern. Ich durfte während meiner Ausbildung viel reisen. Als Touristiker ist man berechtigt, vergünstigte Reisen (sog. PEPs) zu buchen.

Was meinen Sie, was sind grundsätzlich die Vor- und Nachteile in der Tourismusbranche zu arbeiten?

Die Vorteile sind ganz klar der Kontakt zu Menschen, das Kennenlernen anderer Kulturen, das Reisen, insgesamt die große Bandbreite an Möglichkeiten. Denn schließlich beschäftigt man sich mit der schönsten Zeit im Jahr - dem Urlaub.

Leider sind viele Jobs in der Branche nicht so gut bezahlt, wie man sich das vielleicht nach einem Studienabschluss vorstellt. Die Vergütung variiert in Abhängigkeit vom Tätigkeitsfeld, in dem man arbeitet und der Position. Man sollte sich dessen bewusst sein, bevor man sich für die Tourismus-branche entscheidet. Ich persönlich denke, dass es wichtig ist, sich in seinem Job wohlzufühlen und Spaß daran zu haben. Eine gute Mischung aus einem angemessenen Gehalt und der Freude an dem Job sind daher sehr wichtig.

Wollen Sie den zukünftigen Studienanfängern noch etwas mit auf den Weg geben?

Ich kann nur jedem empfehlen, sich vorab genau zu informieren oder vielleicht mal in Form eines Praktikums in die Branche reinzuschnuppern, eine Studienberatung wahrzunehmen und sich den Hochschulstandort anzuschauen. Mir haben vor der Wahl meiner Ausbildung ein Berufsinteressen-test und auch ein Besuch der ITB (weltweit größte Reisemesse in Berlin) geholfen.

Es gibt viele Wege und Möglichkeiten und einer davon ist GENAU DEINER!

HERZLICHEN DANK!!

STUDIEREN BEI DEN TOURISMUS PROFIS!

Studienstart zum April und Oktober!

Bachelor of Arts in 6 Semestern: Privat und praxisnah mit staatlichem Hochschulabschluss

> TOURISMUS, HOTEL UND EVENT

Das Bachelor Studium mit vielen Vorteilen:

- Sehr kleine Gruppen von 16 - 20 Studierenden
- individuelle Betreuung während des gesamten Studiums
- Staatlicher Bachelor Abschluss

- Mehrwöchige reale Praxisprojekte mit Partnern aus Wirtschaft und Tourismus
- Zusätzliche Sprachkurse und Soft-Skill-Seminare ohne Merkosten

> IN HAMBURG, BERLIN UND DÜSSELDORF

> JETZT ÜBER DAS EMBA-STUDIUM INFORMIEREN!

Die EMBA bietet ideale Bedingungen für ein erfolgreiches Tourismus Studium. Unsere Bachelor Studienrichtungen sind sehr praxisnah und bieten die ideale Vorbereitung für den erfolgreichen Jobeinstieg in der Tourismus-Branche. Jetzt mehr erfahren und einen persönlichen Beratungstermin vereinbaren oder für den Infoabend anmelden!

EMBA
EUROPÄISCHE MEDIEN- UND BUSINESS-AKADEMIE

Tel.: 040/46 00 947 - 0
www.emba.de, info@emba.de

Name: Heiko Niehaus
Fachsemester: 5. Semester
Studiengang: Business Management mit Schwerpunkt Tourismus, Hotel und Event
Abschluss: Bachelor of Arts
Hochschule: Europäische Medien- und Business-Akademie, Düsseldorf

----

Welche Voraussetzungen sind erforderlich, um einen Studienplatz in dem von Ihnen gewählten Studiengang zu bekommen?
Um an der Europäischen Medien- und Business-Akademie studieren zu können, wird eine im Bundesland Sachsen anerkannte Hochschulzugangsberechtigung (Abitur, fachgebundene Hochschulreife oder Fachhochschulreife) benötigt.
Da meine Akademie Wert auf die Persönlichkeit des Studieninteressenten legt, muss kein NC erfüllt werden. Stattdessen durchläuft der Interessent ein dreistufiges Bewerbungsverfahren: Zunächst verfasst er ein Motivationsschreiben, warum er sich für diesen Studiengang interessiert. Nach Einreichung der kompletten Bewerbungsunterlagen finden ein persönliches Gespräch mit dem Akademiemanagement sowie ein Eignungstest statt. In diesem Test wird neben Allgemeinbildung auch das logische Denkvermögen geprüft.

Warum haben Sie sich ausgerechnet für diesen Studiengang entschieden? War dieser Ihre erste Wahl?
Diese Frage ist äußerst interessant. Denn nach meinem Abitur im Jahr 2011 traf ich zunächst die Entscheidung, kein Studium zu beginnen, da ich

keine Lust mehr hatte, rein theoretische Inhalte zu lernen. Dementsprechend nutzte ich meine bis dahin vorhandene berufliche Unsicherheit, um drei Monate in Australien zu verbringen. Dort ging ich diversen Tätigkeiten, wie der Arbeit auf einer Biofarm und bei einem Kulturfestival nach. Nach meiner Rückkehr verspürte ich den Wunsch, ein Studium mit den Schnittstellen Tourismus, Eventmanagement wie auch dem Austausch mit Menschen anderer Länder und Kulturen aufzunehmen.

Bei meiner Recherche nach geeigneten Studiengängen war mir besonders wichtig, dass mein zukünftiger Studiengang kleine Studiengruppen, wie auch praktische Tätigkeiten umfasst. Das Studium an der Europäischen Medien- und Business-Akademie erschien mir an dieser Stelle die beste Wahl, da die Studiengruppen auf maximal 20 Studierende begrenzt sind und jedes Semester Praxisprojekte für Unternehmen unter der Eigenregie der Studiengruppe durchgeführt werden. Dadurch wurde es mir ermöglicht, meine gelernten theoretischen Kenntnisse in der Praxis anzuwenden.

Was machen Sie inhaltlich genau in Ihrem Studiengang? Auf welche beruflichen Tätigkeiten bereitet dieser Sie vor?

Mein Studiengang Business Management mit dem Schwerpunkt Tourismus, Hotel und Event behandelt in den ersten drei Semestern die Grundlagen der Betriebswirtschaftslehre. Dazu zählen u.a. Marketing, Finanzmanagement, Unternehmensführung, Recht und Human Resource Management. Im vierten Semester werden ausschließlich Module behandelt, die touristische Aspekte betreffen. Dementsprechend werden Inhalte über Tourismusforschung, Eventmanagement, Freizeitpsychologie, Destinationsmanagement, Internationales Hotelmanagement sowie Tourismusmanagement und Tour Operation vermittelt.

Diese vier Semester können an der Europäischen Medien- und Businessakademie an einem der drei Standorte Hamburg, Düsseldorf oder Berlin absolviert werden.

Im fünften Semester steht eine vierwöchige Präsenzphase an der Hochschule Mittweida in Sachsen an. In dieser Phase werden die erlernten mathematisch-logischen Kenntnisse angewendet und vertieft.

Durch das Grundlagenstudium werde ich auf das Management von Unternehmen bzw. auf die Unternehmensführung vorbereitet. Softskill-Seminare, wie Kommunikation und Führung, helfen mir dabei, mit unterschiedlichen Menschen zusammenarbeiten zu können sowie in Form von Arbeitsgruppen gemeinsame Ziele zu erreichen.

Der touristische Schwerpunkt bietet v.a. den Vorteil, dass ich mich mit meinem Studiengang von Studierenden der allgemeinen Betriebswirtschaftslehre abgrenze. Denn durch die spezialisierten Module wird mir touristisches Fachwissen von Dozenten mit langjähriger beruflicher Erfahrung vermittelt. Dadurch ergeben sich zahlreiche Möglichkeiten, um in der Tourismusbranche Fuß zu fassen: Sales Manager einer Hotelkette, Marketing Manager einer Zielgebietsagentur, Eventmanager o.ä.

Was wollen Sie beruflich später machen? Haben Sie schon eine konkrete Vorstellung?

Diese Frage kann ich derzeit noch nicht konkret beantworten. Denn ich sammle derzeit Erfahrungen in verschiedenen touristischen Tätigkeitsfeldern, indem ich als Praktikant oder freiwilliger Helfer am Betriebsablauf teilhabe. So arbeitete ich 2011 auf dem australischen Kulturfestival „Jondaryan Woolshed Festival" und anschließend auf diversen Beachvolleyball-Events in Nordrhein-Westfalen, um einen Eindruck vom Eventmanagement zu bekommen. In meinen Semesterferien im März 2014 absolvierte ich ein freiwilliges Praktikum im Wellness-Resort Romantischer Winkel in Bad Sachsa. Ich durchlief die verschiedenen Abteilungen der gehobenen Hotellerie und lernte die komplexen aufeinander abgestimmten Arbeitsabläufe kennen. So kristallisierte sich für mich immer mehr heraus, dass ich eine Leidenschaft für die Hotellerie, Gastfreundschaft wie auch der Nachhaltigkeit verspüre. Dementsprechend entschied ich mich bei der Wahl meines Pflichtpraktikums für ein Unternehmen, das diese Aspekte vereint. So absolviere ich seit November 2014 mein Praktikum im „Living in peace project" in Karamea (Neuseeland).

Durch meine bisher gesammelten beruflichen Eindrücke verstärkt sich mein Wunsch nach der eigenen Selbstständigkeit im Anschluss an das Studium.

Wie sieht ein typischer Studientag bei Ihnen aus - gibt es diesen überhaupt bei Ihnen?

An der Europäischen Medien- und Business-Akademie finden die Vorlesungen von Montag bis Donnerstag zwischen 8.30 Uhr und 16.00 Uhr statt. Diese Zeiten sind fix, sodass ich nach wie vor meinen Hobbies nachgehen kann und darüber hinaus auch noch genügend Zeit zum Lernen finde.

Die Module werden nacheinander behandelt, sodass keine Überschneidungen der Inhalte entstehen. Ein Modul erstreckt sich in der Regel über einen Zeitraum von acht Vorlesungstagen (zwei Wochen). Im Anschluss an das Modul wird montags von 8.30-10.00 Uhr die Klausur geschrieben. Dadurch kann ich mich auf den Inhalt der einzelnen Module konzentrieren und habe im Vergleich zum Studium an öffentlichen Hochschulen keinen geballten Prüfungsstress in den letzten Wochen des Semesters. Denn die Klausuren sind über das gesamte Semester verteilt und ich kann die Semesterferien nutzen, um möglicherweise ein freiwilliges Praktikum zu absolvieren.

Der Studienplan für das kommende Semester wird uns in der Regel spätestens einen Monat vor Semesterstart zugesendet, sodass ich bereits im März weiß, welche Module ich im August habe. Diese Planungssicherheit ermöglicht es mir, meine privaten Angelegenheiten effizienter zu organisieren.

Sind ein Auslandssemester, Inlands- bzw. Auslandspraktika und Fremdsprachen fester Bestandteil Ihres Studiums? Wenn ja, welche?

Es besteht die Möglichkeit, ein Auslandssemester an einer Partnerhochschule in Kanada oder aber an einer anderen internationalen Hochschule meiner Wahl zu absolvieren. Es ist möglich, das Auslandssemester innerhalb der Regelstudienzeit von sechs Semestern zu absolvieren. Wer möchte, kann die Studienzeit aber auch um ein Semester verlängern.

Die Wahl des Praktikums ist mir selbst überlassen, sollte jedoch mit meinem gewählten Schwerpunkt korrespondieren. Ich kann mein Praktikum sowohl im In- als auch im Ausland antreten, sofern es sich über einen Mindestzeitraum von zwölf Wochen erstreckt. In beiden Fällen wird ein Vertrag zwischen dem Studierenden, dem Unternehmen und der Hochschule Mittweida abgeschlossen.

In Bezug auf die angebotenen Fremdsprachenkurse lässt sich sagen, dass im regulären Studienablauf ein Englischkurs von vier Wochen vorgesehen ist. Jedoch kann man freiwillig und kostenfrei an Sprachkursen - in der Regel Englisch, Spanisch und Russisch - am Nachmittag von 16.00-17.30 Uhr teilnehmen.

Können Sie etwas zu Ihrem Arbeitspensum (in Wochenstunden) sagen?

Das Arbeitspensum hängt sehr stark von dem jeweiligen Modul und Dozenten ab. In der Regel reicht ein halbe Stunde pro Tag aus, um die Inhalte zu wiederholen. Während Praxisprojekten, die jedes Semester durchgeführt werden (ein Projekt pro Semester), empfehle ich, genügend Zeit einzuplanen. Denn in diesen in der Regel 10-14 Tagen andauernden Projekten kann es durchaus vorkommen, dass man bis 18.00 Uhr in der Akademie bleibt. Im Endeffekt hängt das Arbeitspensum von der Selbstorganisation der einzelnen Gruppen ab. Wenn man ein gutes Ergebnis anstrebt, empfiehlt es sich jedoch, für diese paar Tage die Freizeitaktivitäten ein wenig zurückzustellen und stattdessen Zeit in der Gruppe zu verbringen.

Werden Studiengebühren fällig? Wenn ja, wie hoch?

Da es sich um ein privates Studium handelt, fallen Studiengebühren in Höhe von mindestens 24.900 Euro für das gesamte Bachelor-Studium an. Diese Gebühren können individuell als Einmalzahlung, als Semesterzahlung (in vier Raten plus Anzahlung) oder als Monatszahlung (in 24 oder 36 Raten plus Anzahlung) beglichen werden. In diesen Studiengebühren ist ein MacBook Pro enthalten, das nach Abschluss des Studiums in den eigenen Besitz übergeht.

Neben den oben angegebenen Studiengebühren fallen noch ca. 75 Euro für die Präsenzphase an der Hochschule Mittweida an.

Haben sich Ihre bisherigen Erwartungen an Ihr Studium erfüllt?

Ich bin mit der Wahl meines Studiums äußerst zufrieden, da sich im Laufe meines Studiums zahlreiche Möglichkeiten für Praktika ergeben haben und ich darüber hinaus viele wertvolle Kontakte knüpfen konnte.

Besonders die Praxisprojekte habe ich als äußerst lehrreich empfunden. Jedes Semester hat mein Kurs die Möglichkeit, ein Praxisprojekt für ein Tourismusunternehmen anzugehen. Bei diesen Praxisprojekten kommen Ansprechpartner, wie der Marketing Manager eines Hotels, in den Kurs und stellen ihr Unternehmen und auch die Arbeitsaufgabe vor. Anschließend haben wir 10-14 Tage Zeit, zusammen mit der Unterstützung unserer Fachdozenten, eine kreative Idee strukturiert auszuarbeiten. Das Ergebnis wird dem Kunden und dem Akademiemanagement präsentiert.

Gerade diese Form von praxisorientiertem Studium bietet die Möglichkeit, sich weiterzuentwickeln, indem man Verantwortung übernimmt, vor mehreren eine Idee präsentiert und im Team zusammenarbeitet. Ferner können sich bei einer erfolgreichen Präsentation ungeahnte Praktika-Angebote ergeben.

Würden Sie Ihren Studiengang und Ihre Hochschule weiterempfehlen?

Ich würde das Studium auch ein weiteres Mal an der Europäischen Medien- und Business-Akademie absolvieren. Ich möchte aber auch ehrlich bleiben: Die Studieninhalte umfassen die wichtigsten Bereiche der Betriebswirtschaftslehre, gehen jedoch nicht allzu sehr in die Tiefe. Ich bin der Meinung, dass es nicht notwendig ist, die Inhalte zu detailliert zu behandeln. Es erscheint mir wichtiger, den Grundstein zu legen.

Um sich selbst einen Eindruck zu verschaffen, ob man für ein Studium an einer privaten Hochschule geeignet ist und die Atmosphäre mag, sollte man einen Probetag absolvieren. An diesem kann man an verschiedenen Kursen teilnehmen und mit Studierenden, wie auch Dozenten, ins Gespräch kommen.

Ich habe das Angebot eines Probetages in Anspruch genommen, bevor ich mein Studium begonnen habe. Es erwies sich für mich als äußerst hilfreich, einen realen Studientag an der Akademie mitzuerleben.

Ausbildung oder Studium oder beides nacheinander? Was ist der bessere Weg heutzutage? Gibt es „den" ultimativen Königsweg?

Meiner Meinung nach gibt es nicht „den" ultimativen Königsweg. Ich kann jedem Abiturienten nur empfehlen, nach der Schule zunächst für einige Monate ins Ausland zu gehen, sofern die Möglichkeit dazu besteht.

Ob man anschließend das Studium einer Ausbildung vorziehen sollte oder umgekehrt, vermag ich an dieser Stelle nicht beurteilen. Ich habe in meinem Studium mehrere Kommilitonen getroffen, die vor ihrem Studienbeginn eine Ausbildung absolviert haben und nun von ihren vorab erlernten Fähigkeiten profitieren. Das Studium hingegen sichert meistens bessere Einstiegschancen in Unternehmen.

Reicht der Bachelor-Abschluss heutzutage aus Ihrer Sicht aus oder muss es zwingend der Master-Abschluss sein? Wie erfahren ist die Tourismusbranche mit den neuen Studienabschlüssen?

Ich denke, dass der Bachelor-Abschluss eine gute Grundlage für einen Berufseinstieg bildet. Ich kenne mehrere Absolventen, die direkt im Anschluss an ihr Studium sehr interessante Jobs gefunden haben.

Manche Unternehmen erwarten jedoch ein abgeschlossenes Master-Studium. Dementsprechend kann ich nur empfehlen, dass man sich vor Studienbeginn ein ungefähres berufliches Ziel gesetzt haben sollte.

Viele Unternehmen achten neben Abschlüssen v.a. auf Sprachkenntnisse, Praktika und Auslandsaufenthalte. So kann es durchaus vorkommen, dass manche Studierende einen Job angeboten bekommen, für den sie normalerweise einen höheren Abschluss benötigt hätten. Dementsprechend erweist sich Engagement oft als das Geheimrezept für die berufliche Karriere.

Was meinen Sie, wie kommt man nach dem Studium am besten in den gewünschten Job? Über Praktika, Projektarbeiten, Bachelor-/ Master-Thesis, Traineeprogramme, Direkteinstieg, Auslandsaufenthalte, Fremdsprachen, Netzwerke, Vitamin B,...?

Sofern man Vitamin B hat, ist dies nahezu eine Jobgarantie. Allerdings bin ich davon überzeugt, dass man auch ohne Vitamin B gute Chancen hat, seine gewünschte berufliche Position zu erreichen. Meist erweist es sich als äußerst hilfreich, wenn der Lebenslauf besondere Lebensabschnitte und Erfahrungen aufweist: Praktika, Projektarbeiten, Fremdsprachen und Auslandsaufenthalte.

Arbeiten in der Tourismusbranche - bedeutet dies automatisch viel unterwegs zu sein und viel zu reisen?

Es kommt ganz auf die Art und Struktur des Unternehmens an. Für einen Kreuzfahrtveranstalter zu arbeiten, muss nicht zwangsweise bedeuten, dass man viel unterwegs ist. Denn es gibt zahlreiche berufliche Perspektiven in der Tourismusbranche, die sich durch einen, ggf. überwiegend, stationären Arbeitsplatz auszeichnen: Marketing Manager bei einem Reiseveranstalter, Human Resource Manager bei einer Hotelkette o.ä.

Was meinen Sie, was sind grundsätzlich die Vor- und Nachteile in der Tourismusbranche zu arbeiten?

Als Vorteile der Tourismusbranche würde ich das breite Netzwerk an Kontakten, interessante Destinationen und völlig unterschiedliche berufliche Positionen anführen. Denn die Tourismusbranche umfasst zahlreiche unterschiedliche Arbeitsfelder, wie Gastronomie, Eventmanagement und Beherbergung u.a., sodass ein Wechsel zwischen unterschiedlichen Unternehmen und Abteilungen nicht auszuschließen ist und den Erfahrungshorizont positiv erweitern kann. Oft erhält man Informationen über Urlaubsdestinationen aus erster Hand und bekommt ggf. sogar Vergünstigungen (sog. PEPs).

Um in der Tourismusbranche zu arbeiten, sollte man sehr kontaktfreudig sein, da man in der Regel zahlreichen Menschen begegnet, die völlig unterschiedliche Bedürfnisse haben. Dementsprechend ist Kompromissfähigkeit und Freude an der Arbeit sehr empfehlenswert.

Wollen Sie den zukünftigen Studienanfängern noch etwas mit auf den Weg geben?

Ich empfehle den zukünftigen Studienanfängern vorab Erfahrungen in Form von Praktika oder Auslandsaufenthalten zu sammeln. Ich habe mehrere Freunde, die nach solchen Erlebnissen eine klarere Sicht im Hinblick auf ihre berufliche Zukunft hatten. Sobald sich ein ungefähres Ziel herauskristallisiert hat, sollte man nachfragen, ob es möglich wäre, am regulären Studienalltag teilzunehmen. Denn dadurch kann man möglicherweise eine Fehlentscheidung vermeiden. Und die wichtigste Botschaft, die ich an dieser Stelle weitergeben möchte: Bei der Studiums- oder Ausbildungsentscheidung sollte man nicht in erster Linie darüber nachdenken, ob man in dem angestrebten Berufsfeld viel Geld verdienen kann. Es ist viel wichtiger, ob man eine Leidenschaft für die zukünftige Arbeit verspürt! Oft hilft bei dieser Entscheidung das innere Bauchgefühl.

HERZLICHEN DANK!!

Name: Nicole Mayer
Fachsemester: 6. Semester
Studiengang: Betriebswirtschaftslehre Tourismus, Hotellerie und Gastronomie
Abschluss: Bachelor of Arts
Hochschule: Duale Hochschule Baden-Württemberg (DHBW) Ravensburg

----

Welche Voraussetzungen sind erforderlich, um einen Studienplatz in Ihrem Studiengang zu bekommen?

Voraussetzung für ein duales Studium an der DHBW Ravensburg ist der Nachweis der Studier-fähigkeit, also Hochschulreife/Abitur. Bei der Fachhochschulreife muss im Vorfeld ein Studier-fähigkeitstest bestanden werden. Zudem muss der Studieninteressierte ein betreuendes Partnerunter-nehmen der DHBW für die Dauer des Studiums finden und einen Ausbildungsvertrag für das Stu-dium mit dem Unternehmen abschließen.

Warum haben Sie sich ausgerechnet für diesen Studiengang entschieden? War dieser Ihre erste Wahl?

Der Studiengang war meine erste Wahl. Ich bin in der Tourismusdestination Bad Wimpfen, in der der Tourismus einen großen Stellenwert genießt, auf-gewachsen. Durch Nebentätigkeiten in der Gast-ronomie und in Beherbergungsbetrieben habe ich früh Zugang zur Tourismusbranche erhalten; so wurde mein Interesse geweckt. Zudem hat mich das duale Studium von Beginn an mehr gereizt als ein Studium an einer Universität oder Fachhoch-schule. Grund dafür ist die Verzahnung von Theo-

rie und Praxis und somit das Anwenden des er-
worbenen Wissens und der gesammelten Berufserfahrung. Zudem spielen das monatliche Gehalt,
auch während der Theoriephase, die kleinen Kurse
und damit die gute Betreuung, aber auch der gute
Ruf der Dualen Hochschule eine wichtige Rolle.
Außerdem erwirbt man im DHBW-Studium 210
Credit Points (anstatt wie üblicherweise 180 Credit
Points), weil es sich um ein Intensivstudium handelt. Damit benötigt man für einen späteren Master-Studiengang weniger Credit Points und somit
meist auch weniger Zeit.

*Was machen Sie inhaltlich genau in Ihrem
Studiengang? Auf welche beruflichen Tätigkeiten bereitet dieser Sie vor?*
Im Mittelpunkt der Vertiefungsrichtung steht das
Management von Destinationen (Zielgebieten),
z.B. Städte, Urlaubs- und Kurzurlaubsdestinatio-
nen und gesundheitstouristische Destinationen wie
Kurorte und Heilbäder. Die Studierenden werden
fachlich kompetent und betriebswirtschaftlich
fundiert für die Arbeit in touristischen Destinationen ausgebildet; eine wichtige Rolle nimmt dabei
in Kooperation mit der DHBW Ravensburg das
Partnerunternehmen aus der Destination ein. Die
DHBW Ravensburg vermittelt übergreifende tourismuswirtschaftliche sowie betriebswirtschaftliche
Grundlagen, diese werden in den Praxisphasen
angewendet und weiterentwickelt. Nach dem Studium können die Absolventen mittlere, leitende
und koordinierende Funktionen u.a. in Tourist-
Informationen, Stadtmarketinggesellschaften,
regionalen oder landes- bzw. bundesweiten Tou-
rismusverbänden sowie Kur- und Wellnessein-
richtungen und anderen gesundheitstouristischen

Einrichtungen wahrnehmen. Deutlicher Vorteil ist das bereits angewendete Fachwissen durch die Verzahnung von Theorie und Praxis. Viele Betriebe im dualen System bieten ihren Studierenden zudem an, nach erfolgreich absolviertem Studium im Unternehmen zu bleiben und übernommen zu werden. Der Rahmenlehrplan bzw. der Rahmenplan für die betriebliche Ausbildung regelt genau, welche Inhalte wann und in welchem Umfang vermittelt werden. Ein Ablauf- und Reflexionsbericht dient der Studiengangsleitung zur Kontrolle der Umsetzung des Rahmenplans im Betrieb.

Was wollen Sie beruflich später machen? Haben Sie schon eine konkrete Vorstellung?
Nach meinem Studium werde ich voraussichtlich in meinem Unternehmen übernommen. Diese Stelle ist zunächst befristet als Elternzeitvertretung. Anschließend würde ich gerne Auslandserfahrung sammeln, durch Praktika in ausländischen Tourismusbetrieben. Zudem interessiert mich ein Master-Studiengang im Bereich BWL-Tourismus. Ich würde dem Tourismus sehr gerne treu bleiben, insbesondere in meiner Region.

Wie sieht ein typischer Studientag bei Ihnen aus - gibt es diesen überhaupt bei Ihnen?
Einen typischen Studientag gibt es an der DHBW Ravensburg nicht. Das Vorlesungsverzeichnis bekommen wir einige Wochen vor Semesterbeginn. Hier finden wir alle Informationen über das Semester, welche Vorlesungen wir wann und wo haben und wann die Klausuren stattfinden. Somit ist das Semester bereits komplett vorgeplant und der Vorlesungsplan muss im Vergleich zu einem Uni-Studium nicht selbst zusammengestellt wer-

den. Generell fängt der Studientag zwischen 8-9 Uhr an und endet meist erst nachmittags zwischen 14-17 Uhr. In der Regel haben wir jeden Tag unterschiedliche Vorlesungen. Einige Fächer werden als Blockveranstaltung an mehreren, aneinander folgenden Tagen abgehalten. Die Kursstärke der DHBW liegt bei ca. 30 Studierenden, daher ist eine sehr intensive und familiäre Betreuung möglich – die Dozenten, das Sekretariat und die Studiengangleiterin stehen bei Fragen beratend zur Seite.

Sind ein Auslandssemester, Inlands- bzw. Auslandspraktika und Fremdsprachen fester Bestandteil Ihres Studiums? Wenn ja, welche?

Ein Auslandssemester ist in den Partnerhochschulen der DHBW Ravensburg im vierten Semester möglich. Partnerhochschulen gibt es z.b. in Großbritannien, Russland, Irland, Dänemark, Finnland, Frankreich, Portugal, Spanien, Kanada oder Südafrika. Die Studiengangleitung informiert die Studierenden zu Beginn des Studiums über diese Möglichkeiten und unterstützt bei der Realisierung. Inlands- bzw. Auslandspraktika sind nur in Abstimmung mit dem betreuenden Unternehmen möglich und benötigen hierzu eine Absprache. Der Studierende kann beispielsweise in einem Partnerunternehmen oder einer Tochtergesellschaft im In- und Ausland einen Teil seiner Praxiszeit verbringen. Während des gesamten Studiums haben die Studierenden Wirtschafts-Englisch als Vorlesungsfach. Zudem gibt es freiwillige, zusätzliche Sprachkurse an der DHBW Ravensburg in den Fremdsprachen Englisch, Spanisch, Italienisch, Französisch und Chinesisch. Der Sprachkurs geht über das komplette Semester und wird mit einer Prüfung abgeschlossen. Bei erfolgreichem Bestehen gibt es die Kursgebühr zurück und man bekommt eine Urkunde mit Note und Angaben zum Sprachniveau.

Können Sie etwas zu Ihrem Arbeitspensum (in Wochenstunden) sagen?

Ein Studienjahr (je zwei Semester) hat zwischen 425 und 696 Präsenzstunden. Diese Stunden sind an der DHBW Ravensburg in den jeweiligen Kursen zu verbringen, da Anwesenheitspflicht herrscht. Das Studium hat einen straffen Vorlesungsplan und erfordert daher bei der Vor- und Nachbereitung ausreichend Disziplin. Ich verbringe selbst wöchentlich rund 10-15 Stunden mit Aufgaben aus dem Studium. So bereite ich z.B. Vorlesungen nach und erledige Hausaufgaben, fasse bereits abgeschlossene Fächer für die Klausur zusammen, arbeite an Haus- und Gruppenarbeiten, lese mich in weiterführende Literatur ein. Häufig erledige ich diese Aufgaben auch am Wochenende, da unter der Woche an einigen Tagen nach Vorlesungsende wenig Zeit bleibt.

Werden Studiengebühren fällig? Wenn ja, wie hoch?

Studiengebühren gibt es keine, aber es fallen Gebühren und Beiträge an: ein einmaliger Beitrag für die drei Jahre in Höhe von 237 Euro für das Studentenwerk (z.B. zur Finanzierung des Semestertickets), pro Jahr ein Verwaltungskostenbeitrag von 120 Euro sowie ein Beitrag in Höhe von 16 Euro für die Studierendenschaft.

Das Besondere am dualen Studiengang ist jedoch, dass man ein monatliches Gehalt vom Ausbildungsbetrieb erhält, und zwar über das komplette Studium – auch während der Theoriephase. Somit

kann man sein Studium leichter finanzieren und ist
finanziell unabhängig(er).

**Haben sich Ihre bisherigen Erwartungen an
Ihr Studium erfüllt?**
Ja. Anfangs habe ich mir schwer getan in das Studium und die damit verbundene Selbstständigkeit
zu finden, auch der Ortswechsel und die räumliche
Distanz zum Elternhaus waren anfangs unge-
wohnt. Ich habe mich aber sehr schnell in die neue
Situation eingefunden, fühle mich im Kurs mit
meinen Kommilitonen und den Dozenten wohl;
auch mein Betrieb mit Kollegen und Vorgesetzten
hat mich sehr gut aufgenommen. Diese positiven
Rahmenbedingungen erleichtern es, dass Lernpen-
sum zu bewältigen und Spaß am Studium zu haben. Zudem ist es toll, wenn man in den anschließenden Praxisphasen das erworbene Wissen anwenden und umsetzen kann, und auch berufliche
Kontakte knüpft. Man sieht von Semester zu Semester immer mehr, wofür man lernt, wie was
miteinander zusammenhängt und wie man das
Erlernte anwenden kann. Jetzt, im letzten Jahr des
Studiums, warten - v.a. mit der Bachelor-Thesis -
noch einige wichtige Aufgaben auf uns, die viel
Arbeitsaufwand und Disziplin erfordern. Aber ich
freue mich sehr darauf, am Ende das Ergebnis in
den Händen halten zu dürfen und auf drei schöne
Jahre zurückblicken zu dürfen.

**Würden Sie Ihren Studiengang und Ihre
Hochschule weiterempfehlen?**
Ja, ohne zu zögern. Alle bereits genannten Argu-
mente machen das duale Studium an der DHBW
für mich zu einer sehr guten Wahl. Auch der Studiengang entspricht der Beschreibung und erfüllt

meine Vorstellung. Studieninteressierte können sich auf Informationsveranstaltungstagen, über Infomaterial der DHBW oder auf der Website informieren.

Ausbildung oder Studium oder beides nacheinander? Was ist der bessere Weg heutzutage? Gibt es „den" ultimativen Königsweg?

Meiner Meinung nach gibt es keinen ultimativen Königsweg. Jeder sollte für sich entscheiden, was einem mehr zusagt und wo man sich zukünftig sieht. Durch das Bildungssystem steht es jedem offen, erst nach einer abgeschlossenen Ausbildung zu studieren und sein Wissen weiter zu vertiefen. Ich habe einige Kommilitonen, die im Vorfeld bereits eine (ähnliche) Ausbildung absolviert haben und im Studium eine neue Art zu lernen, neues Wissen und neue Herausforderungen gefunden haben. Aber auch einige Freunde aus Schulzeiten haben sich für eine Ausbildung entschieden und sind mit der Entscheidung aus unterschiedlichen Gründen zufrieden. Um sich sicher zu werden, welchen Weg man einschlagen möchte, empfehle ich, im Vorfeld Praktika zu absolvieren und in interessierende Tätigkeitsfelder hineinzuschnuppern, aber v.a. auch mit Auszubildenden und Studierenden zu reden, um sich so sein eigenes Bild zu machen.

Reicht der Bachelor-Abschluss heutzutage aus Ihrer Sicht aus oder muss es zwingend der Master-Abschluss sein? Wie erfahren ist die Tourismusbranche mit den neuen Studienabschlüssen?

Ich denke, die neuen Studienabschlüsse sind in den Köpfen der Tourismusbranche angekommen und anerkannt. Zahlreiche Führungskräfte in der Tourismusbranche haben bereits selbst einen Bachelor- und/oder Master-Studiengang absolviert; sie sind also mit den neuen Studienabschlüssen vertraut. Zudem denke ich, dass der Bachelor-Abschluss in der Tourismusbranche generell ausreicht. Es ist nicht zwingend notwendig, einen Master-Abschluss zu machen. Abschließend würde ich sagen, dass der Abschluss, Bachelor oder Master, davon abhängt, welche berufliche Position man anstrebt und welche Erwartungen man an seinen Beruf hat; hiernach richtet sich dann auch der Grad des Abschlusses.

Was meinen Sie, wie kommt man nach dem Studium am besten in den gewünschten Job? Über Praktika, Projektarbeiten, Bachelor-/Master-Thesis, Traineeprogramme, Direkteinstieg, Auslandsaufenthalte, Fremdsprachen, Netzwerke, Vitamin B,…?
Durch das duale Studium verfügt man bereits über Berufserfahrung und erspart sich so meist die Praktika. Viele Absolventen haben die Möglichkeit des Direkteinstiegs im eigenen Unternehmen, in Partnerunternehmen oder in anderen Unternehmen. Hier ist es hilfreich, sich über Dozenten, Leistungsträger und Kooperationspartner des Unternehmens ein Netzwerk (auch in Form von Vitamin B) aufzubauen, um auf dieses dann später und insbesondere bei der Stellensuche zurückgreifen zu können. Aber auch Projekt-, Bachelor- und Master-Arbeiten sind eine gute Möglichkeit, das Interesse der Betriebe zu wecken; hierbei kann v.a. das Lösen von betrieblichen Problemstellungen für das jeweilige Unternehmen interessant sein. Auslandsaufenthalte und Fremdsprachenkenntnisse

sind generell ein Pluspunkt im Bewerbungsprozess und sollten während des Studiums daher nicht ungenutzt bleiben. Traineeprogramme sind meiner Meinung nach eine gute Möglichkeit, in großen Unternehmen Fuß zu fassen und einen Einstieg in die Management-Ebene zu schaffen. Die Möglichkeiten, die im Studium angeboten werden (Auslandsaufenthalt, Fremdsprache, Projektarbeiten, Bachelor-Thesis, Netzwerk aufbauen und Berufserfahrung sammeln), sollten nicht ungenutzt bleiben und verhelfen einem Absolventen mit Sicherheit zu einem erfolgreichen Einstieg in den Beruf.

Arbeiten in der Tourismusbranche - bedeutet dies automatisch viel unterwegs zu sein und viel zu reisen?
Nein, dies ist von der Stelle abhängig. Die Tätigkeit meiner Chefin erfordert beispielsweise nur eine geringe Reisetätigkeit.

Was meinen Sie, was sind grundsätzlich die Vor- und Nachteile in der Tourismusbranche zu arbeiten?
Der Vorteil der Tourismusbranche ist in meinen Augen, dass man viel Kundenkontakt hat und die Bedürfnisse und aktuellen Trends kennt. Zudem kann man seine Kreativität entfalten, z.B. bei der Programmgestaltung einer Pauschalreise, und die Kunden bei der Organisation und Durchführung ihrer Reise unterstützen, um ihnen zu einem positiven Urlaubserlebnis zu verhelfen. Ein Nachteil der Tourismusbranche sind die umfangreichen Arbeitszeiten (Wochenende, abends, Feiertage/Brückentage), aber auch die Schnelllebigkeit. Alles in allem überwiegen für mich die Vorteile.

Wollen Sie den zukünftigen Studienanfängern noch etwas mit auf den Weg geben?

Nutzt die Euch gegebenen Möglichkeiten. Genießt die Zeit, die viel zu schnell vergeht. Und freut Euch auf die tollen Erlebnisse, Herausforderungen und Aufgaben der Tourismusbranche und des Studiums.

HERZLICHEN DANK!!

Name: Sabine Tandler
Fachsemester: keine klassische Semestereinteilung
Studiengang: Gesundheitstourismus (Fernstudium)
Abschluss: Bachelor of Arts
Hochschule: Apollon Hochschule der Gesundheitswirtschaft, Bremen

----

Welche Voraussetzungen sind erforderlich, um einen Studienplatz in dem von Ihnen gewählten Studiengang zu bekommen?
Abitur, Fachhochschulreife, einen gleichwertigen Schulabschluss oder eine mindestens zweijährige Berufsausbildung mit drei Jahren Berufspraxis.

Warum haben Sie sich ausgerechnet für diesen Studiengang entschieden? War dieser Ihre erste Wahl?
Ja unbedingt. Dieser Studiengang rundet meinen bisherigen Werdegang in perfekter Art und Weise ab. Er kombiniert Tourismus mit Betriebswirtschaft/Gesundheitsökonomie und medizinischen Aspekten.

Was machen Sie inhaltlich genau in Ihrem Studiengang? Auf welche beruflichen Tätigkeiten bereitet dieser Sie vor?
Klassische Bestandteile eines BWL-Studiums mit einer hohen Affinität zum Gesundheitswesen und zum Tourismus. Das Studium bereitet in erster Linie auf Managementfunktionen im Tourismus bzw. in der Gesundheitswirtschaft vor.

Was wollen Sie beruflich später machen? Haben Sie schon eine konkrete Vorstellung?
Ich sehe mich persönlich in einer selbstständigen Tätigkeit als Consultant. Alternativ im Management eines Hotels mit der Ausrichtung Wellness/SPA, Sportreisen etc. Ich könnte mir auch eine Tätigkeit in der Reisevermittlung oder Reiseveranstaltung als Spezialanbieter vorstellen.

Wie sieht ein typischer Studientag bei Ihnen aus – gibt es diesen überhaupt bei Ihnen?
Ich bin seit mehr als 15 Jahren selbstständig. Ein typischer Studientag orientiert sich an dem gerade aktuellen Aufwand für meine berufliche Tätigkeit in der Finanzdienstleistung. Mal mehr, meistens weniger, vorrangig und regelmäßig an den Wochenenden.

Sind ein Auslandssemester, Inlands- bzw. Auslandspraktika und Fremdsprachen fester Bestandteil Ihres Studiums? Wenn ja, welche?
Fremdsprachen: leider nein. Es besteht die Möglichkeit, einen Teil des Studiums während eines dreiwöchigen Aufenthaltes an der Partner-Uni in Sacramento (USA) zu absolvieren.
Es gibt regelmäßige Informationen über freie Praktikumsstellen. Die meisten unserer Studierenden absolvieren das Studium berufsbegleitend. Diese beruflichen Tätigkeiten werden in der Regel als Praktikum angerechnet.

Können Sie etwas zu Ihrem Arbeitspensum (in Wochenstunden) sagen?
Ca. 8-10 Stunden, mal etwas mehr, meistens etwas weniger.

Werden Studiengebühren fällig? Wenn ja, wie hoch?

265 Euro/Monat bei einem Teilzeitstudium (vier Jahre).

Haben sich Ihre bisherigen Erwartungen an Ihr Studium erfüllt?

Ja.

Würden Sie Ihren Studiengang und Ihre Hochschule weiterempfehlen?

Ja, unbedingt.

Ausbildung oder Studium oder beides nacheinander? Was ist der bessere Weg heutzutage? Gibt es „den" ultimativen Königsweg?

„Den" ultimativen Königsweg gibt es bestimmt nicht. Allerdings bin ich mir sicher, dass die Kombination von Berufsausbildung/Berufserfahrung mit einem Studium erhebliche Vorteile mit sich bringt.

Reicht der Bachelor-Abschluss heutzutage aus Ihrer Sicht aus oder muss es zwingend der Master-Abschluss sein? Wie erfahren ist die Tourismusbranche mit den neuen Studienabschlüssen?

Die Kombination aus Berufserfahrung und Bachelor-Abschluss ist aus meiner Sicht erfolgsführender. Einen Master-Abschluss sehe ich nur als zwingend notwendig an, wenn es ganz hoch hinausgehen soll. Ansonsten halte ich interkulturelle Fähigkeiten, verschiedene Sprachkenntnisse und einen hohen Praxisbezug - auch in Kombination mit Destinationskenntnissen - für viel, viel wichtiger.

Was meinen Sie, wie kommt man nach dem Studium am besten in den gewünschten Job? Über Praktika, Projektarbeiten, Bachelor-/ Master-Thesis, Traineeprogramme, Direkteinstieg, Auslandsaufenthalte, Fremdsprachen, Netzwerke, Vitamin B,...?

Netzwerke und Vitamin B. Berufsanfänger, die außer dem Studium noch keine weiteren Berufserfahrungen mitbringen, sind sicherlich mit einem Praktikum gut beraten - nicht zuletzt, um die eigenen Interessensfelder auszutesten.

Arbeiten in der Tourismusbranche - bedeutet dies automatisch viel unterwegs zu sein und viel zu reisen?

Nein. Es gibt Jobs im Destinationsmanagement, die sogar vor der eigenen Haustüre zu finden sind. Auch Tätigkeiten im Hotelmanagement setzen meistens keine ausgeprägte Reisebereitschaft voraus. Auch als Reiseveranstalter kann man sich regional ausrichten.

Was meinen Sie, was sind grundsätzlich die Vor- und Nachteile in der Tourismusbranche zu arbeiten?

Vorteil: beliebte Branche, es arbeiten viele weltoffene Menschen im Tourismus. Es zwingt dazu, fremde Sprachen nicht nur zu lernen, sondern auch anzuwenden.

Bisher ist mir sehr viel Toleranz gegenüber fremden Kulturen oder alternativen Lebensformen begegnet. Es gibt zahlreiche Möglichkeiten, sich zu entfalten. Die Einsatzmöglichkeiten sind extrem vielfältig.

Nachteil: viele Menschen möchten gerne im Tourismus arbeiten und wo viel Nachfrage ist, muss für Personalgewinnung, u.a. auch Gehaltshöhen, und Personalbindung nicht so viel getan werden wie in unbeliebten Branchen.

Wollen Sie den zukünftigen Studienanfängern noch etwas mit auf den Weg geben?
Sprachen zu lernen und anzuwenden, wann und wo immer es geht. Und: sich vernetzen - und das zur Abwechslung auch mal wieder persönlich.

HERZLICHEN DANK!!

Name: Miriam von der Lühe
Fachsemester: 3. Semester
Studiengang: Leisure and Tourism Management
Abschluss: Bachelor of Arts
Hochschule: Fachhochschule Stralsund

Welche Voraussetzungen sind erforderlich, um einen Studienplatz in dem von Ihnen gewählten Studiengang zu bekommen?
Um einen Studienplatz zu erhalten, muss man entweder die allgemeine Hochschulreife, die Fachhochschulreife oder eine abgeschlossene Berufsausbildung mit drei Jahren Berufserfahrung vorweisen können.

Warum haben Sie sich ausgerechnet für diesen Studiengang entschieden? War dieser Ihre erste Wahl?
Für mich war dieser Studiengang meine erste Wahl. Vor meinem Studium habe ich im Eventmanagement gearbeitet und verschiedene Auslandsaufenthalte absolviert. Mir war es besonders wichtig, ein fundiertes betriebswirtschaftliches Wissen über die Branche zu erhalten. An dem Studienangebot in Stralsund haben mich daher besonders die betriebswirtschaftlichen und die touristischen Fächer überzeugt. Entscheidend war für mich außerdem, dass die Unterrichtssprache bei dem Großteil der Fächer Englisch ist und ein Auslandsaufenthalt als Auslandsstudium oder -praktikum verpflichtend absolviert werden muss.

Was machen Sie inhaltlich genau in Ihrem Studiengang? Auf welche beruflichen Tätigkeiten bereitet dieser Sie vor?

Die Ausbildung ist sehr vielseitig. Man kann diese, wie oben schon erwähnt, in die traditionellen betriebswirtschaftlichen Fächer und in die touristischen und freizeitwissenschaftlichen Fächer unterteilen. In Fächern, wie z.B. Personalmanagement, Qualitätsmanagement, Accounting, Managementkonzepte und Marketing erhält man einen guten Überblick über Managementprozesse und Abteilungen in Unternehmen, wobei es erst einmal egal ist, ob es sich um ein Unternehmen der Tourismusbranche handelt oder nicht.

Die touristischen Fächer vermitteln einen breiten Überblick über die Branche. Touristische Entwicklungen, Tourismuswirtschaft, Geografie, Reiseverhalten, Sprachkenntnisse, interkulturelle Aspekte - all das sind grundlegende Unterrichtsthemen. Später kann man dann auch Schwerpunkte, wie Hotelmanagement, Gesundheitstourismus oder Kreuzfahrttourismus, wählen.

Auch die Ausbildung von Softskills kommt nicht zu kurz. Bei uns wird z.B. viel Wert auf gute Präsentationsfähigkeiten gelegt.

So vielfältig wie die Ausbildung, sind auch die möglichen beruflichen Perspektiven. Wer im Studium schon weiß, was ihn besonders interessiert, kann entsprechende Schwerpunkte setzen und von den Praxiserfahrungen der Dozenten profitieren.

Was wollen Sie beruflich später machen? Haben Sie schon eine konkrete Vorstellung?

Ganz konkret ist meine Planung noch nicht. Ich könnte mir vorstellen, nach dem Studium weiterhin im Eventmanagement zu arbeiten und Veranstaltungen, wie Tagungen, Kongresse oder Geschäftsreisen für international operierende Unternehmen, zu organisieren. Produktinnovation und Ideenmanagement reizen mich auch sehr.

Wie sieht ein typischer Studientag bei Ihnen aus - gibt es diesen überhaupt bei Ihnen?
Da wir an einer Fachhochschule studieren, ist der Stundenplan besonders in den ersten zwei Semestern relativ stark vorgegeben, sodass man viele Fächer in seinem Jahrgangsverbund hat. In Stralsund werden jedes Jahr 50 Studierende aufgenommen. Der zeitliche Rahmen für unsere Vorlesungen und Tutorien ist überschaubar und es gibt ausreichend Möglichkeiten, individuelle Fragen zu klären. Der Studienalltag zeichnet sich durch viele Gruppenarbeiten und praktische Projekte aus. Häufig treffen wir uns zum gemeinsamen Arbeiten in der Mensa oder in der Bibliothek.

Sind ein Auslandssemester, Inlands- bzw. Auslandspraktika und Fremdsprachen fester Bestandteil Ihres Studiums? Wenn ja, welche?
Ein Auslandsaufenthalt und ein Praktikum sind verpflichtende Bestandteile unseres Studiums. Man hat auch die Möglichkeit, beides zu verbinden, in dem man das Praktikum gleich im Ausland absolviert. Die Hochschule verfügt besonders europaweit über viele Hochschulpartnerschaften, sodass ein Austausch über das Erasmus-Programm in viele interessante europäische Städte relativ einfach möglich ist. Wenn man lieber etwas weiter weg möchte, muss man sich um seinen Studienplatz zwar selbst kümmern, wird aber bei der Planung auch sehr gut unterstützt und z.B. auch über finanzielle Förderungsmöglichkeiten informiert.

Die Fremdsprachenausbildung ist im Zuge eines sehr international ausgerichteten Studiengangs ein grundlegender Bestandteil. Neben der Unterrichtssprache Englisch sind für Leisure and Tourism-Studierende die Sprachen Spanisch, Französisch und Schwedisch zur Auswahl vorgesehen, wobei man eine Sprache wählen muss, aber natürlich auch mehrere belegen kann. Wer gerne noch weitere Sprachen erlernen möchte, kann auch aus dem Angebot anderer Studiengänge, beispielsweise Polnisch oder Russisch, auswählen und diese zusätzlich belegen.

Können Sie etwas zu Ihrem Arbeitspensum (in Wochenstunden) sagen?
Durchschnittlich hat man ca. zehn Fächer pro Semester, die in Einheiten á 90 Minuten abgehalten werden. Hinzu kommen dann die individuellen Vor- und Nachbereitungszeiten für die einzelnen Fächer sowie das Verfassen von Hausarbeiten, welche man besser schon während und nicht erst am Ende des Semesters in der Prüfungsphase angehen sollte. Wenn man zu den 15 Stunden Vorlesung noch etwa 15 Stunden zuhause etwas macht, kommt man meiner Meinung nach gut mit.

Werden Studiengebühren fällig? Wenn ja, wie hoch?
Sehr positiv ist, dass keine Studiengebühren anfallen. Nur den Semesterbeitrag über 55 Euro gilt es zu entrichten.

Haben sich Ihre bisherigen Erwartungen an Ihr Studium erfüllt?
Meine Erwartungen an das Studium wurden sogar übertroffen. Mich begeistern immer wieder die

vielfältigen Eindrücke. Dadurch, dass wir Professoren mit ganz unterschiedlichen beruflichen Hintergründen haben, lernen wir die Branche aus verschiedenen Blickwinkeln kennen. Außerdem ist es für mich immer wieder eine besondere Freude, wenn wir reale Projekte durchführen und unser Wissen so auch gleich praxisnah erproben können. Es war schon ein tolles Gefühl, als wir z.B. die neue maritime Broschüre der Tourismuszentrale in den Händen hielten, an der wir aktiv mitgearbeitet haben.

Würden Sie Ihren Studiengang und Ihre Hochschule weiterempfehlen?
Ich würde unseren Studiengang und das Studium auf jeden Fall weiterempfehlen, da ich das Gefühl habe, hier umfassend und den aktuellen Anforderungen der Branche entsprechend ausgebildet zu werden. Darüber hinaus habe ich den Vergleich zu dem Studium an einer großen Universität und schätze die familiäre Atmosphäre, in der die Professoren auch ein offenes Ohr für die Studierenden haben.

Ausbildung oder Studium oder beides nacheinander? Was ist der bessere Weg heutzutage? Gibt es „den" ultimativen Königsweg?
„Den" ultimativen Königsweg gibt es bestimmt nicht. Ich absolviere z.B. ein Zweitstudium, nachdem mir meine vorherigen Auslands- und Berufserfahrungen gezeigt haben, dass ich mich in diese Richtung weiterbilden möchte. Eine vorherige Ausbildung und Berufserfahrungen können einem auf jeden Fall weiterhelfen, wenn es gilt, das Erlernte mit praktischen Beispielen und Anwendungsfeldern zu verknüpfen.

Reicht der Bachelor-Abschluss heutzutage aus Ihrer Sicht aus oder muss es zwingend der Master-Abschluss sein? Wie erfahren ist die Tourismusbranche mit den neuen Studienabschlüssen?

Meine persönliche Meinung ist, dass ein Bachelor-Abschluss zunächst ausreicht. Besonders in unserer Branche würde ich darauf setzen, nach dem Bachelor zuerst einmal Berufserfahrung zu sammeln und sich dabei einen weitreichenden Überblick über die verschiedenen Abteilungen und Möglichkeiten in den Unternehmen zu verschaffen. Wenn man dann merkt, dass einem spezielle Kenntnisse fehlen, würde ich meinen Master genau danach auswählen oder diesen berufsbegleitend absolvieren.

Was meinen Sie, wie kommt man nach dem Studium am besten in den gewünschten Job? Über Praktika, Projektarbeiten, Bachelor-/ Master-Thesis, Traineeprogramme, Direkteinstieg, Auslandsaufenthalte, Fremdsprachen, Netzwerke, Vitamin B,...?

Ich verspreche mir viel von der Möglichkeit, schon während des Studiums ein halbjähriges Praktikum zu absolvieren und, wenn möglich, auch die Bachelor-Arbeit in Kooperation mit einem Unternehmen zu schreiben. Somit kann man sich schon dem Unternehmen präsentieren und die Chancen auf einen direkten Berufseinstieg erhöhen. Aber auch bei der Arbeit an Projekten, die man schon während des Studiums abschließt, kann man Kontakte zu Unternehmen knüpfen, was einem den Einstieg später erleichtern kann.

Arbeiten in der Tourismusbranche - bedeutet dies automatisch viel unterwegs zu sein und viel zu reisen?

Ich denke nicht, dass das zwangsweise gekoppelt sein muss. Unser Studium bildet uns für verschiedenste Management-Tätigkeiten aus, sodass die beruflichen Möglichkeiten sehr breit gefächert sind. Wichtig ist sicherlich, dass man sich bewusst ist, was man von seinem Beruf erwartet und danach auswählt, wofür man sich bewirbt. Wer viel unterwegs sein möchte und international arbeiten will, ist mit diesem Studiengang dafür auf jeden Fall bestens ausgebildet.

Was meinen Sie, was sind grundsätzlich die Vor- und Nachteile in der Tourismusbranche zu arbeiten?

Man hört es viel und es ist sicherlich wahr, dass die Bezahlung im Tourismus oft schlechter ist als in anderen Branchen.

Positiv empfinde ich v.a. das Arbeiten im internationalen Kontext und den Kontakt mit anderen Kulturen und Sprachen. Wenn es zum Beispiel darum geht, neue Reiseangebote für verschiedene Zielgebiete zu erstellen, ist es natürlich auch ein toller Nebeneffekt, selbst diese Regionen einmal bereisen zu können.

Wollen Sie den zukünftigen Studienanfängern noch etwas mit auf den Weg geben?

Ich würde mir, bevor ich ein touristisches Studium beginne, auf jeden Fall überlegen, ob ich mich schon für eine besondere Richtung interessiere. Auch innerhalb dieses Studiengebietes gibt es Spezialisierungen für z.B. Hotel- oder Kreufahrt-management-Studiengänge.

Wer Spaß an Fremdsprachen, allgemeines Interesse an allen Facetten der Reisebranche, aber v.a. auch an den wirtschaftlichen Hintergründen hat, ist in diesem Studium super aufgehoben.

HERZLICHEN DANK!!

Name: Jana Kunert
Fachsemester: 5. Semester
Studiengang: Tourismus
Abschluss: Bachelor of Arts
Hochschule: Hochschule Zittau/Görlitz, Görlitz

Welche Voraussetzungen sind erforderlich, um einen Studienplatz in dem von Ihnen gewählten Studiengang zu bekommen?
Die allgemeine oder fachgebundene Hochschulreife bzw. Fachhochschulreife ist erforderlich und es sind ausreichende Kenntnisse der englischen Sprache (Abiturniveau) nachzuweisen. Der Studiengang unterliegt einem NC. An meiner Hochschule ist aber auch ein Studium ohne Abitur möglich, wenn eine erfolgreich abgeschlossene Berufsausbildung sowie mindestens drei Jahre Berufserfahrung vorliegen. Voraussetzung zum Studium ist dann eine erfolgreich abgeschlossene Zugangsprüfung.

Warum haben Sie sich ausgerechnet für diesen Studiengang entschieden? War dieser Ihre erste Wahl?
Ja, der Studiengang war meine erste Wahl. Es gibt für mich keine Alternative zum Tourismus. Ich habe bereits eine Ausbildung zur Reiseverkehrskauffrau abgeschlossen und im Anschluss daran ca. drei Jahre im Beruf gearbeitet. Um mich weiterzuentwickeln und um eine neue berufliche Perspektive zu erhalten, habe ich mich für das Studium entschieden. Dass der Studiengang in Görlitz komplett auf den Tourismus ausgerichtet ist, war für mich eine Grundvoraussetzung.

Was machen Sie inhaltlich genau in Ihrem Studiengang? Auf welche beruflichen Tätigkeiten bereitet dieser Sie vor?

Kurz gesagt lernen wir in den Vorlesungen allgemeine betriebswirtschaftliche, wie auch tourismusspezifische Grundlagen und deren Zusammenhänge kennen. In den Seminaren wenden wir diese in Übungen an und arbeiten oft in Teams in Form von Projekten, Workshops u.ä. zusammen. Dazu unternehmen wir zusätzlich einige Exkursionen und es werden Gastredner aus verschiedenen Touristikzweigen eingeladen. Viele unserer Dozenten fördern die kritische Auseinandersetzung mit verschiedenen Themen, indem wir aktuelle Probleme und Trends im Tourismus analysieren. Weiterhin gehören z.B. Marketing, Informatik, Statistik, Recht und Fremdsprachen zu unseren Lerninhalten.

Beruflich werden wir auf Management-Tätigkeiten vorbereitet, die in der Tourismus- und Freizeitwirtschaft (Hotellerie, Gastronomie, Kur- und Fitnesseinrichtungen, Serviceeinrichtungen, Verkehrsbetriebe, Reiseveranstalter/-büros, Destinationsmanagement u.a.) zu finden sind sowie in staatlichen und privaten Institutionen, Vereinen und Verbänden mit touristischem Hintergrund.

Was wollen Sie beruflich später machen? Haben Sie schon eine konkrete Vorstellung?

Ich würde gerne wieder bei einem Reiseveranstalter im Produktmanagement arbeiten. Auch sehe ich aufgrund des Studiums mein Interesse für eine Tätigkeit in einer Destinationsmanagementorganisation und in der Marktforschung geweckt.

***Wie sieht ein typischer Studientag bei Ihnen
aus – gibt es diesen überhaupt bei Ihnen?***
Nein, ich würde nicht behaupten, dass ich einen
Studienalltag habe. Die Vorlesungen und Zeiten
sind bei uns zwar fest vorgegeben, sodass wir bis
auf die fakultativ angebotenen Module (meist
Fremdsprachen) wenig flexibel sind. Aber ansonsten ist es am Anfang des Semesters meist noch
recht ruhig und es wird erst zum Ende hin mit
Projekten, Präsentationen und den Prüfungen
stressiger. Hier setze ich mich dann zusätzlich viel
am Wochenende hin und arbeite etwas aus. Zudem
sind Treffen mit Kommilitonen aufgrund von
Gruppenarbeiten außerhalb der Vorlesungszeit
üblich und die Exkursionen und Fachvorträge
bieten Abwechslung.

***Sind ein Auslandssemester, Inlands- bzw.
Auslandspraktika und Fremdsprachen fester
Bestandteil Ihres Studiums? Wenn ja, welche?***
Feste Bestandteile meines Bachelor-Studiums sind
Fremdsprachen und ein Praktikum.
Je eine Fremdsprache ist im ersten und im zweiten
Semester obligatorisch. Im ersten Semester ist eine
Sprache aus der osteuropäischen (Polnisch, Tsche-
chisch, Russisch) oder der westeuropäischen (Italienisch, Französisch, Spanisch) Sprachengruppe
vorgeschrieben. Entsprechend der Nachfrage
werden die Kurse ggf. in Anfänger und Fortge-
schrittene eingeteilt. Im zweiten Semester wird
Business English belegt. Zu diesen festen Modulen
kann entschieden werden, ob weitere Englischan-
gebote wahrgenommen werden und ob die im
ersten Semester begonnene Fremdsprache fortge-
führt wird.

Ein mindestens 15-wöchiges Pflichtpraktikum mit Auslandsorientierung ist im vierten Semester vorgesehen. Hierbei besteht die Möglichkeit, im In- oder Ausland bei einem touristischen Leistungsträger zu arbeiten. Es ist freigestellt, ob man zu einem Reiseveranstalter, in ein Hotel, in eine Tourismusorganisation, zu einer Airline o.ä. geht.

Ein Auslandssemester kann während des Bachelor-Studiums absolviert werden und wird, wenn gewünscht, individuell abgesprochen.

Können Sie etwas zu Ihrem Arbeitspensum (in Wochenstunden) sagen?

Das ist schwer einzuschätzen. Allgemein ist mein Arbeitspensum in den höheren Semestern auf jeden Fall gestiegen. Es gibt nun mehr Hausarbeiten und auch mehr zu bearbeitende Projekte. Diese sind sehr zeitaufwendig, gleichzeitig jedoch auch sehr hilfreich und mit großen Lerneffekten verbunden, da man sich sehr intensiv mit den Themen auseinandersetzt.

Im fünften Semester habe ich beispielsweise insgesamt ca. 17 Stunden Vorlesung und Seminare pro Woche. Ansonsten, wie bereits erwähnt, ist am Anfang des Semesters mehr Freizeit. In den letzten Wochen vor den Prüfungen bin ich täglich schon gut 10-12 Stunden sowie am Wochenende mit dem Studium beschäftigt, wenn ich lerne und/oder Hausarbeiten schreibe. Aber dazu muss ich sagen, dass ich sehr hohe Anforderungen und Ansprüche an mich selbst habe.

Werden Studiengebühren fällig? Wenn ja, wie hoch?

Nein, es werden bei uns keine Studiengebühren fällig. Es ist lediglich ein Semesterbeitrag in Höhe von rund 81 Euro zu zahlen.

Haben sich Ihre bisherigen Erwartungen an Ihr Studium erfüllt?

Ja. Natürlich habe ich vieles, v.a. von der allgemeinen BWL, bereits aufgrund meines Fachabiturs und meiner Berufsausbildung gehört. Aber Wiederholung ist ja bekanntlich positiv und so konnte und kann ich mich stärker auf andere Bereiche konzentrieren. Und jetzt, in den höheren Semestern, werden sehr interessante touristische Themen behandelt, mit denen ich mein bisheriges Wissen gut vertiefen kann.

Würden Sie Ihren Studiengang und Ihre Hochschule weiterempfehlen?

Ja, ich empfehle meinen Studiengang und die Hochschule Zittau/Görlitz. Warum? Wir lernen hier wichtige wirtschaftliche und touristische Grundlagen kennen, erhalten einen breitgefächerten Einblick in den Tourismus und werden in unserem kritischen Denken gefördert. Mir speziell hilft es, auch andere Bereiche des Tourismus kennenzulernen und mich stärker mit aktuellen Problemen und Trends auseinanderzusetzen. Die Kursgröße ist auf max. 30 Studierende begrenzt, was vorteilhaft ist. Außerdem sind Görlitz und die Hochschule eher klein und familiär. Es besteht zu den meisten Dozenten ein gutes Verhältnis. Man kommt schnell mit den höheren Semestern und Studierenden anderer Studiengänge ins Gespräch und knüpft Kontakte. Dies finde ich persönlich sehr positiv, denn das Studium sollte ja nicht nur aus Lernen bestehen.

Ausbildung oder Studium oder beides nachei-
nander? Was ist der bessere Weg heutzutage?
Gibt es „den" ultimativen Königsweg?

Ich habe festgestellt, dass man mit einer Berufsausbildung anscheinend nicht alle beruflichen
Chancen hat, sondern doch ein Studium benötigt.
Zumindest in bestimmten Tätigkeitsfeldern, wie in
meinem Fall die Arbeit im Produktmanagement,
wird ein abgeschlossenes Studium oft verlangt.
Letztlich kommt es aber darauf an, wo man arbeiten möchte und welche Gelegenheiten sich bieten.
Nach dem Motto: „Zur richtigen Zeit am richtigen
Ort". Und natürlich sind die eigenen Kompetenzen ausschlaggebend.

Ich denke nicht, dass es einen ultimativen Königsweg gibt. Persönlich würde ich nichts anders machen und immer wieder zunächst eine Ausbildung
absolvieren und dann studieren. Mir hilft es sehr,
dass ich schon gearbeitet habe, um die komplexen
Zusammenhänge der Branche zu verstehen. So
kann ich die Theorie gleich praktisch anwenden
und habe eine bessere Vorstellung, welche Lösun-
gen es eventuell gibt und wie sie umgesetzt werden
können.

Reicht der Bachelor-Abschluss heutzutage aus
Ihrer Sicht aus oder muss es zwingend der
Master-Abschluss sein? Wie erfahren ist die
Tourismusbranche mit den neuen Studienab-
schlüssen?

Ich denke, dass man diese Entscheidung nicht
verallgemeinern kann, sondern u.a. vom Alter
abhängt, und davon, welche Erfahrungen bereits
gesammelt wurden und welche Tätigkeit angestrebt
wird. Die Tourismusbranche ist meiner Meinung

nach mit den neuen Studienabschlüssen vertraut, da die Branche sehr international und modern ist.

Was meinen Sie, wie kommt man nach dem Studium am besten in den gewünschten Job? Über Praktika, Projektarbeiten, Bachelor-/ Master-Thesis, Traineeprogramme, Direktein-stieg, Auslandsaufenthalte, Fremdsprachen, Netzwerke, Vitamin B,…?

Ich bin der Ansicht, dass Praktika auf Platz 1 stehen. Einerseits kann man, wenn man noch keine Berufserfahrung gesammelt hat, seinen Berufswunsch testen. Man erfährt in der Praxis, was einem Spaß macht und interessiert. Anderseits können mit entsprechenden Berufserfahrungen bereits Ausschau nach potenziellen Arbeitgebern gehalten und in dem gewünschten Tätigkeitsfeld neue Erfahrungen gesammelt werden. Ansonsten bieten Projektarbeiten und die Bachelor-/Master-Thesis Chancen, um Kontakte zu zukünftigen Arbeitsgebern zu knüpfen. Auslandsaufenthalte, Fremdsprachen, Netzwerke und Vitamin B sind sehr wichtig im Tourismus. Ob sich daraus ein Job ergibt, ist nicht gesagt, aber eine hohe Wahrscheinlichkeit besteht.

Letztlich sollte man über das gesamte Studium seine Augen und Ohren offen halten, Gespräche mit Touristikern suchen und zusätzliche Angebote außerhalb der Lehrveranstaltungen wahrnehmen. Gute Noten und Engagement bei Projekten können einen Einstieg bieten sowie ein touristischer Nebenjob und Messebesuche.

Arbeiten in der Tourismusbranche - bedeutet dies automatisch viel unterwegs zu sein und viel zu reisen?

Nein, nicht zwingend. Es kommt ganz darauf an, in welchem Bereich des Tourismus man arbeitet. Liegt die Tätigkeit im Management eines Hotels oder einer Kultureinrichtung, wird die Reiseintensität sicherlich geringer sein als bei einem Reiseveranstalter im Produktmanagement. Hier ist die Wahrscheinlichkeit hoch, dass die zu bearbeitende Destination und relevante Messen besucht werden. Auch auf einem Kreuzfahrtschiff ist man ständig unterwegs.

Was meinen Sie, was sind grundsätzlich die Vor- und Nachteile in der Tourismusbranche zu arbeiten?

Eine sehr interessante, abwechslungsreiche und interkulturelle Branche zu erleben, sind die Vorteile des Tourismus. Die Möglichkeiten, viel zu entdecken und um die Welt zu reisen, sind ein Anreiz. Man arbeitet selbstständig, verantwortungsbewusst und es werden viele Wege der Weiterentwicklung und Selbstverwirklichung geboten. Die Branche bezeichne ich als sicher, da es Tourismus dauerhaft geben wird, ob z.B. im Segment der Urlaubs- oder Geschäftsreisen.

Es ist, so glaube ich, der falsche Ansatz im Tourismus zu arbeiten, wenn man viel Geld verdienen möchte. Ich sage immer: Den Tourismus muss man lieben. Die wenigsten werden im Tourismus reich. Aus finanzieller Sicht sind daher auch die Expedienten-Rabatte interessant. Touristikern werden teilweise verschiedene reduzierte Angebote gewährt, wie z.B. vergünstigte Hotelübernachtungen oder Eintrittspreise.

Ein weiterer Nachteil sind die Arbeitszeiten. Vielfach arbeitet man auch am Wochenende. Man sollte im Tourismus stressresistent, belastbar und flexibel sein.

Wollen Sie den zukünftigen Studienanfängern noch etwas mit auf den Weg geben?

Tourismus besteht nicht nur aus Fremdsprachen und Reisen. Es ist eine sehr interessante und spannende Branche, in der man in den verschiedensten Bereichen arbeiten kann. Nutzt die Möglichkeiten, Euch zu informieren und geht zu Sonderveranstaltungen, die Euch geboten werden. Fangt früh an, Kontakte zu knüpfen und besucht die ITB und andere Messen. Vielleicht habt ihr die Chance, während des Studiums z.B. in einer Tourist-Information oder einem Hotel stundenweise auszuhelfen und so Erfahrungen zu sammeln. Habt Spaß, lasst Euch begeistern und bleibt neugierig!

HERZLICHEN DANK!!

Name: Bettina Lederer
Fachsemester: 3. Semester
Studiengang: Tourismusmanagement
Abschluss: Bachelor of Arts
Hochschule: Technische Hochschule Deggendorf

Welche Voraussetzungen sind erforderlich, um einen Studienplatz in dem von Ihnen gewählten Studiengang zu bekommen?

Zulassungsvoraussetzung ist die allgemeine Hochschulreife, die fachgebundene Hochschulreife, die Fachhochschulreife oder die fachgebundene Fachhochschulreife. Grundsätzlich ist der Studiengang durch einen NC zulassungsbeschränkt. Des Weiteren sind Englischkenntnisse auf dem Niveau B2/C1 und Spanischkenntnisse im zweiten Semester auf dem Niveau A2 notwendig.

Warum haben Sie sich ausgerechnet für diesen Studiengang entschieden? War dieser Ihre erste Wahl?

Ich persönlich wollte meine größten Interessenfelder, Wirtschaft und Fremdsprachen, vereinen. Tourismus war von daher schon immer mein Studienfavorit.

Was machen Sie inhaltlich genau in Ihrem Studiengang? Auf welche beruflichen Tätigkeiten bereitet dieser Sie vor?

Inhaltlich ist mein Studiengang ein Mix aus betriebswirtschaftlichen Elementen, tourismusspezifischen Vorlesungen und dem Erlernen von Fremdsprachen. Besonders die ersten beiden Semester sind mit den vielen BWL-Fächern doch sehr grundlegend. In den höheren Semestern reduziert sich der BWL-Anteil und der Tourismus-Anteil überwiegt.

Da wir die Möglichkeit haben, uns im sechsten Semester auf drei Kompetenzfelder zu spezialisieren, kann man nicht pauschal sagen, auf welche berufliche Tätigkeit wir genau vorbereitet werden. Generell ist der Tourismus ein sehr weites Feld.

Was wollen Sie beruflich später machen? Haben Sie schon eine konkrete Vorstellung?
Ich würde später gerne in das Sportveranstaltungsmanagement oder in die Reiseveranstaltung für Gruppen- und Studienreisen gehen. Da mir mein Pflichtpraktikum noch bevorsteht, kann ich jetzt noch keine konkreten Pläne äußern. Ich bin mir eigentlich relativ sicher, dass sich meine Vorstellungen danach noch einmal ändern werden.

Wie sieht ein typischer Studientag bei Ihnen aus - gibt es diesen überhaupt bei Ihnen?
Einen typischen Studientag gibt es nicht, da mein Stundenplan täglich wechselt und ich so eigentlich keine Routine habe. Dieses Konzept gefällt mir persönlich sehr gut, da das Studium so nicht zur anstrengenden Routine wird, sondern abwechslungsreich und spannend bleibt.

Sind ein Auslandssemester, Inlands- bzw. Auslandspraktika und Fremdsprachen fester Bestandteil Ihres Studiums? Wenn ja, welche?
Fester Bestandteil eines Tourismusstudiums an der TH Deggendorf sind zum einen die Pflichtsprachen Englisch und Spanisch und zum anderen ein Pflichtpraktikum im fünften Semester, das auch im

Ausland absolviert werden kann. Zudem besteht die Möglichkeit, im Ausland zu studieren. Hierbei stehen uns 125 Partneruniversitäten in der ganzen Welt zur Auswahl. Ich habe dieses Angebot sehr gerne angenommen und verbringe derzeit mein Auslandssemester in Mérida/Mexico und bin sehr zufrieden mit dieser Entscheidung.

Können Sie etwas zu Ihrem Arbeitspensum (in Wochenstunden) sagen?

Neben den normalen Vorlesungen (die Stundenanzahl variiert pro Semester) beschäftige ich mich pro Tag ca. 1-2 Stunden mit dem behandelten Stoff.

Werden Studiengebühren fällig? Wenn ja, wie hoch?

Generell sind keine Studiengebühren fällig, allerdings ist ein Studienwerksbeitrag von 52 Euro pro Semester zu entrichten.

Haben sich Ihre bisherigen Erwartungen an Ihr Studium erfüllt?

Da ich mir unter dem Begriff Studium, bzw. wie ein Studium abläuft, nicht viel vorstellen konnte, hatte ich auch keine großen Erwartungen. Dennoch wurde ich sehr positiv überrascht und die ersten Semester haben mir auf jeden Fall sehr gut gefallen.

Würden Sie Ihren Studiengang und Ihre Hochschule weiterempfehlen?

Ja, ich würde meinen Studiengang und meine Hochschule auf jeden Fall weiterempfehlen. Ich bin mit meiner Wahl wirklich sehr zufrieden.

Ausbildung oder Studium oder beides nachei-
nander? Was ist der bessere Weg heutzutage?
Gibt es „den" ultimativen Königsweg?
Ich glaube, „den" ultimativen Königsweg gibt es
so pauschal nicht. Jeder muss für sich wissen, ob er
eher der praktische oder theoretische Typ ist. Für
mich war es beispielsweise genau der richtige Weg,
direkt nach meinem Abitur ein Studium zu beginnen. Andere hingegen brauchen erst eine abgeschlossene Ausbildung, um sich klar zu werden, ob
und was sie ggf. studieren möchten.

Reicht der Bachelor-Abschluss heutzutage aus
Ihrer Sicht aus oder muss es zwingend der
Master-Abschluss sein? Wie erfahren ist die
Tourismusbranche mit den neuen Studienab-
schlüssen?
Meiner Meinung nach sollte man das Angebot
eines Master-Studiums nutzen. Gerade im be-
triebswirtschaftlich-touristischen Bereich ist die
Anzahl der Absolventen sehr hoch. Deshalb denke
ich, dass es in dieser Branche sehr wichtig ist, sich
maximal ausbilden zu lassen und sich zu spezialisieren, um sich von der Masse abzuheben und so
bessere Chancen auf dem Arbeitsmarkt zu haben.

Was meinen Sie, wie kommt man nach dem
Studium am besten in den gewünschten Job?
Über Praktika, Projektarbeiten, Bachelor-/
Master-Thesis, Traineeprogramme, Direktein-
stieg, Auslandsaufenthalte, Fremdsprachen,
Netzwerke, Vitamin B,…?
Ich glaube, dass es wichtig ist, während seines
Studiums so viele Praktika wie möglich zu machen,
um die beruflichen Interessenfelder für später
einzugrenzen. Nur so kann man feststellen, ob die

angestrebte Tätigkeit auch wirklich das Richtige ist oder eben nicht. Im Tourismus sind aber auch Auslandsaufenthalte und Fremdsprachenkenntnisse sehr wichtig. Deshalb würde ich beispielsweise das Angebot eines Auslandsstudiums oder -praktikums immer annehmen, nicht nur um fachbezogene Erfahrungen zu sammeln, sondern auch um mich persönlich weiterzuentwickeln.

Arbeiten in der Tourismusbranche - bedeutet dies automatisch viel unterwegs zu sein und viel zu reisen?

Für mich bedeutet Tourismus nicht unbedingt viel zu reisen, sondern viel mehr international ausgerichtetes Arbeiten und die Bereitschaft, für den Beruf umzuziehen.

Was meinen Sie, was sind grundsätzlich die Vor- und Nachteile in der Tourismusbranche zu arbeiten?

Die wichtigsten Vorteile der Tourismusbranche sind für mich die Internationalität, d.h. die weltweite Reichweite der Branche, aber auch die unglaubliche Vielfältigkeit, die der Tourismus bietet. Tourismus bedeutet nicht nur Hotels oder Reisebüros, sondern auch Events, Airlines, Destinationen usw. Dennoch sehe ich v.a. für Frauen auch Nachteile in der Branche. Durch die geforderte hohe Flexibilität (unregelmäßige Arbeitszeiten, Wohnortwechsel usw.) glaube ich, dass es schwierig sein kann, eine Familie zu gründen und sesshaft zu werden.

Wollen Sie den zukünftigen Studienanfängern noch etwas mit auf den Weg geben?

Informiert Euch ausreichend. Ich selbst habe vor meinem Studium viel recherchiert und mich informiert in Form von Bewerbertagen, Tagen der offenen Tür, Uni-Besuchen oder Gesprächen mit Studierenden. Ich kann es wirklich empfehlen, sich ausreichend Zeit zu nehmen, um den richtigen Studiengang und Studienort zu finden. Schöpft alle Euch zur Verfügung stehenden Möglichkeiten aus und nutzt jedes Angebot, dann werdet Ihr auch sicher das Richtige finden.

Ansonsten können Praktika im angedachten Tätigkeitsfeld nicht schaden, einfach um sicherzugehen, dass der Studiengang der Richtige für einen ist.

HERZLICHEN DANK!!

Name: Jasmin Langer
Fachsemester: 5. Semester
Studiengang: International Tourism Management
Abschluss: Bachelor of Arts
Hochschule: Fachhochschule Westküste, Heide

Welche Voraussetzungen sind erforderlich, um einen Studienplatz in dem von Ihnen gewählten Studiengang zu bekommen?
Man benötigt eine Hochschulzugangsberechtigung. Zudem ist der Studiengang zulassungsbeschränkt. Übersteigt die Anzahl der Bewerber die zu vergebenden Plätze, wird nach NC und Anzahl der Wartesemester entschieden. Im Wintersemester 2013/14 lag der NC beispielsweise bei 2,5 und zwei Wartesemestern.

Warum haben Sie sich ausgerechnet für diesen Studiengang entschieden? War dieser Ihre erste Wahl?
Ich habe mich schon immer für Fremdsprachen und andere Länder interessiert, habe aber auch festgestellt, dass man ohne betriebswirtschaftliche Kenntnisse nicht weit kommt. Der Studiengang International Tourism Management vermittelt beides - interessante, touristische Themen und Grundlagen im Management. Die Fachhochschule Westküste war meine erste Wahl und ich habe diese Entscheidung nie bereut.

Was machen Sie inhaltlich genau in Ihrem Studiengang? Auf welche beruflichen Tätigkeiten bereitet dieser Sie vor?

Die ersten zwei Semester bestehen hauptsächlich aus betriebswirtschaftlichen Vorlesungen und sind sehr zahlenlastig. BWL, VWL, Finanzierung, Informatik, Sozialforschung etc. gehören dazu. Natürlich hat man auch touristische Vorlesungen bzw. Sprachkurse. Ab dem dritten Semester wählt man einen Tourismus-Schwerpunkt, z.B. Event Management, Tour Operator oder Hospitality, und einen BWL-Schwerpunkt, wie z.B. Marketing, Controlling oder Nordic Management. Diese Schwerpunkte behält man bis zum Ende des Studiums bei. Somit wird man in seinem gewählten Themenschwerpunkt gut auf die Berufswelt vorbereitet.

Was wollen Sie beruflich später machen? Haben Sie schon eine konkrete Vorstellung?
Dazu ist es noch ein wenig früh. Ich habe schon etliche Praktika gemacht und konnte dadurch umfangreiche Erfahrungen sammeln. Trotzdem möchte ich mich erst nach meinem Master für eine spezielle Richtung entscheiden.

Wie sieht ein typischer Studientag bei Ihnen aus - gibt es diesen überhaupt bei Ihnen?
Von Semester zu Semester sieht das ganz unterschiedlich aus. In den ersten Semestern hatte man viele Vorlesungen und saß auch mal von 8.00-19.00 Uhr im Hörsaal. Danach hängt das Pensum sehr von der Schwerpunktwahl ab. In diesem Semester habe ich bis zu drei Vorlesungen am Tag und noch genügend Zeit für andere Projekte oder einen Nebenjob.

Sind ein Auslandssemester, Inlands- bzw.
Auslandspraktika und Fremdsprachen fester
Bestandteil Ihres Studiums? Wenn ja, welche?
Die Fachhochschule Westküste ist sehr praxisorientiert. Ein Praktikum ist, genau wie ein Auslandsaufenthalt, fester Bestandteil des Studiums. Das
Praxissemester findet im vierten Semester statt und
kann im In- oder Ausland absolviert werden. Falls
man lieber ein Praktikum in Deutschland machen
möchte, kann man danach für ein Auslandssemester an eine unserer zahlreichen Partneruniversitäten gehen.
Englisch und Spanisch sind bis einschließlich dem
dritten Semester Pflicht. Danach kann man sich
für eine der beiden Sprachen entscheiden, ggf.
auch beide weiter belegen. Zusätzlich bietet die
Hochschule Schwedisch für Anfänger und Fortge-
schrittene an.

Können Sie etwas zu Ihrem Arbeitspensum (in
Wochenstunden) sagen?
Dies variiert sehr. Im Moment bin ich sehr stark
ausgelastet, weil ich eine Hausarbeit schreibe,
mehrere Projekte plane und drei Sprachen lerne.
Kommilitonen mit anderen Kursen haben ein sehr
ruhiges Semester und müssen erst im Januar für
die Prüfungen lernen.

Werden Studiengebühren fällig? Wenn ja, wie
hoch?
Nein, an der Fachhochschule Westküste gibt es
keine Studiengebühren. Man zahlt lediglich ein
Semesterbeitrag in Höhe von 63 Euro. Dieser
deckt alle Verwaltungskosten ab und unterstützt
die Studentenvereine.

Haben sich Ihre bisherigen Erwartungen an Ihr Studium erfüllt?

Natürlich gibt es einige Kleinigkeiten zu kritisieren. Ich hätte mir beispielsweise ein größeres Sprachenangebot und etwas weniger Mathe gewünscht. Aber im Allgemeinen ist der Studiengang so, wie ich ihn mir vorgestellt habe.

Würden Sie Ihren Studiengang und Ihre Hochschule weiterempfehlen?

Ja, absolut. Ich bin sehr zufrieden mit der Wahl des Studiengangs und der Hochschule. Wenn einen das norddeutsche Wetter und die ländlichen Heider Verhältnisse nicht stören, ist Heide ein guter Ort zum Studieren. Die Hochschule ist recht neu, gut ausgestattet und durch die begrenzte Anzahl der Studierenden sehr familiär. Die Dozenten sind gut und haben viel Praxiserfahrung.

Ausbildung oder Studium oder beides nacheinander? Was ist der bessere Weg heutzutage? Gibt es „den" ultimativen Königsweg?

Den ultimativen Königsweg gibt es sicher nicht. Jeder muss für sich selbst entscheiden, wo seine Prioritäten liegen. Ich bin in meiner Familie die Erste, die studieren konnte und wollte diesen Weg unbedingt gehen. Die mangelnde Praxiserfahrung versuche ich mit Praktika und Nebenjobs auszugleichen. Meiner Meinung nach kann ein Studium nie schaden, weil es einem später Vorteile gegenüber Anderen verschaffen kann. Trotzdem habe ich großen Respekt vor allen, die sich erfolgreich durch eine Ausbildung im Tourismus gekämpft haben.

Reicht der Bachelor-Abschluss heutzutage aus Ihrer Sicht aus oder muss es zwingend der Master-Abschluss sein? Wie erfahren ist die Tourismusbranche mit den neuen Studienabschlüssen?

Über diese Frage wird unter uns Studierenden derzeit viel diskutiert. Ich habe mich dafür entschieden, noch einen Master zu machen, weil man die Chance dazu später wohl nicht mehr bekommen wird, und weil ich das Gefühl habe, noch mehr über die Branche lernen zu wollen. Viele von uns entscheiden sich gegen einen Master, weil ihnen Erfahrungen in der Praxis wichtiger sind. Auch die Dozenten sind geteilter Meinung. Unbedingt nötig ist ein Master im Tourismus vielleicht nicht, aber schaden kann er in einem so wettbewerbsintensiven Umfeld bestimmt nicht.

Was meinen Sie, wie kommt man nach dem Studium am besten in den gewünschten Job? Über Praktika, Projektarbeiten, Bachelor-/Master-Thesis, Traineeprogramme, Direkteinstieg, Auslandsaufenthalte, Fremdsprachen, Netzwerke, Vitamin B,...?

Diese Faktoren spielen sicher alle eine Rolle. Auslandsaufenthalte und Fremdsprachen sind gerade im Tourismus enorm wichtig. Auch Kontakte können oft helfen, einen Fuß in die Tür zu bekommen. Das Thema der Bachelor-/Master-Thesis sollte mit Bedacht gewählt werden, allerdings denke ich nicht, dass man große Nachteile hat, wenn man anschließend doch in einem anderen Bereich arbeiten möchte. Praktika als Erfahrungsnachweis ja, als Einstiegschance eher nein.

Ich werde nach meinem Master versuchen, eine Traineestelle zu bekommen. Ich verspreche mir davon, in die verschiedensten Unternehmensbereiche hineinschnuppern zu können, um danach zu entscheiden, was mir am besten gefällt.

Arbeiten in der Tourismusbranche - bedeutet dies automatisch viel unterwegs zu sein und viel zu reisen?

Nein, das denke ich nicht. Natürlich kann man sich für einen Job entscheiden, bei dem man durch die Welt reist, aber genauso gut kann man sein Berufsleben lang an einem Ort bleiben. Das ist das Schöne an der Tourismusbranche - sie ist so vielseitig.

Was meinen Sie, was sind grundsätzlich die Vor- und Nachteile in der Tourismusbranche zu arbeiten?

Vorteile sind sicher die Vielseitigkeit und der Abwechslungsreichtum. Der Tourismus bietet jedem eine Chance, sich zu finden.

Das „große" Geld kann man in den meisten Fällen nicht erwarten und die vielen potentiellen Arbeitnehmer erschweren die Jobsuche.

Wollen Sie den zukünftigen Studienanfängern noch etwas mit auf den Weg geben?

Der Studiengang Tourismusmanagement wird von bösen Zungen oft als sehr einfach und richtungslos beschrieben. „Tourismus? Aha. Und was soll man dann damit anfangen?" Lasst Euch davon nicht beeinflussen. Der Studiengang hat genauso seine schweren Seiten wie jeder andere. Wenn man sich engagiert und nicht auf den Kopf gefallen ist, bietet er einem später die Möglichkeit, auf der ganzen Welt zuhause zu sein.

HERZLICHEN DANK!!

Name: Sarai Berger
Fachsemester: 6. Semester
Studiengang: Tourismuswirtschaft
Abschluss: Bachelor of Arts
Hochschule: Jade Hochschule, Wilhelmshaven

Welche Voraussetzungen sind erforderlich, um einen Studienplatz in dem von Ihnen gewählten Studiengang zu bekommen?

Eine Hochschulzugangsberechtigung. Darüber hinaus ist der Studiengang zulassungsbeschränkt: Der NC lag bei meinem Studienbeginn bei 2,8.

Warum haben Sie sich ausgerechnet für diesen Studiengang entschieden? War dieser Ihre erste Wahl?

Ich habe bereits während meiner Schulzeit meine Praktika genutzt, um Zeit im Ausland zu verbringen, Sprachen zu lernen und mich mit anderen Kulturen auseinanderzusetzen. In der zwölften Klasse habe ich eine Abschlussarbeit über den Tourismus geschrieben, was mir einen Einblick in die Vielfalt der Reisebranche erlaubte. Nach meinem Abitur habe ich mich mit meinen Stärken und Interessen befasst und die Tourismusbranche hat meinen Wünschen für meinen zukünftigen Arbeitsplatz und den damit verbundenen Entwicklungsmöglichkeiten am ehesten entsprochen.

Was machen Sie inhaltlich genau in Ihrem Studiengang? Auf welche beruflichen Tätigkeiten bereitet dieser Sie vor?

Nach dem Grundstudium - drei Semester in BWL, VWL, Grundlagen in Controlling, Marketing,

Mathematik, Statistik etc. - konnte ich mich für zwei Schwerpunkte entscheiden. Aus persönlichem Interesse heraus und unter leichter Einflussnahme von Sympathie für die Lehrweise von Professoren habe ich mich für die Schwerpunkte Destinationsmanagement und Management im Gesundheitsmanagement entschieden.

Das Destinationsmanagement beinhaltet grobgefasst das Stadt- und Regionalmanagement, Destinationsmarketing aber auch Eventmanagement für die Destination. Es befasst sich damit, wie eine Destination für Besucher und Einwohner zugleich attraktiv und wirtschaftlich lukrativ gestaltet werden kann sowie mit den vielfältigen Beziehungen zwischen Politik, Wirtschaft und regionalen und überregionalen Kooperationen.

Der Studienschwerpunkt Management im Gesundheitstourismus befasst sich v.a. mit dem Wellness-Segment, dem Kur- und Bäderwesen, dem Gesundheitssystem in Deutschland und den Möglichkeiten und Herausforderungen, die Tourismuswirtschaft mit dem Gesundheitswesen zu verbinden.

Was wollen Sie beruflich später machen? Haben Sie schon eine konkrete Vorstellung?
Ich habe bereits alle meine benötigten Kurse erfolgreich abgeschlossen und mache derzeit ergänzend ein weiteres Auslandsemester in den USA. Nach meiner Rückkehr nach Deutschland werde ich eine praxisnahe Bachelor-Arbeit in einem Unternehmen schreiben, sodass ich mein im Studium erlerntes Wissen anwenden kann. Vielleicht bietet sich mir durch die Bachelor-Arbeit die Möglichkeit für einen anschließenden Direkteinstieg. Ich möchte gerne im Destinationsmanagement arbei-

ten, idealerweise im Stadtmarketing einer größeren Stadt. Ich strebe eine verantwortungsvolle Position im oberen Management an.

Wie sieht ein typischer Studientag bei Ihnen aus - gibt es diesen überhaupt bei Ihnen?

Da ich im Semester drei Monate Vorlesungszeit und anschließend einen Monat Klausurenphase hatte, war die Zeit, die ich für die Aufarbeitung von Vorlesungsmaterialien benötigte, gegen Semesterende sehr viel höher als zu Semesterbeginn. Während der Vorlesungszeit habe ich durchschnittlich etwa sechs Stunden pro Tag an der Fachhochschule selbst verbracht. Meine erste Vorlesung hatte ich in der Regel gegen 10.00 Uhr morgens. Eine Vorlesung dauert im Schnitt 1,5 Stunden, zwischen den Vorlesungen ist jeweils eine Pause von 30 Minuten. Ich hatte an unterschiedlichen Wochentagen verschiedene Vorlesungsabläufe: an einem Tag fanden nur zwei Vorlesungen statt. Diese sind nicht notwendigerweise aneinanderhängend. Die Freiblöcke nutze ich meist, um in der Bibliothek Vorlesungen vor- oder nachzuarbeiten. An anderen Tagen hatte ich aber auch mal fünf Vorlesungen.

Sind ein Auslandssemester, Inlands- bzw. Auslandspraktika und Fremdsprachen fester Bestandteil Ihres Studiums? Wenn ja, welche?

Bei mir sind leider kein Auslandssemester oder ein Praktikum von mehr als 3-monatiger Dauer Bestandteil meines Studiums. In meinem Studium ist ein Praktikum von drei Monaten und eine Fremdsprache vorgesehen. Für Studierenden aus nachfolgenden Semestern ist nun jedoch ein Pflichtpraktikum von sechs Monaten in der Prüfungsordnung festgeschrieben; dieses kann auch im Ausland absolviert werden. Ich habe mich für Englisch entschieden, angeboten wurden aber auch Französisch und Spanisch. Da ich das Sprechen mehrerer Sprachen und auch einen Auslandsaufenthalt wichtiger empfinde als den Abschluss meines Studiums in der Regelstudienzeit, habe ich mich persönlich dazu entschieden, zwei freiwillige Auslandssemester an Partneruniversitäten in Kroatien und in den USA zu absolvieren.

Können Sie etwas zu Ihrem Arbeitspensum (in Wochenstunden) sagen?

Im Durchschnitt würde ich mein Arbeitspensum pro Woche - inklusive Vorlesungszeit und Arbeitsaufwand außerhalb der Vorlesungen - auf etwa 25 Stunden schätzen. Wenn es auf die Klausurenphase zugeht, liegt das Arbeitspensum pro Woche etwa doppelt so hoch.

Werden Studiengebühren fällig? Wenn ja, wie hoch?

Ja. Ich zahle derzeit einen Semesterbeitrag von etwa 280 Euro. In diesem ist das Niedersachsen-Ticket für das komplette Semester enthalten. Der Semesterbeitrag wird jeweils zum Ende des vorhergehenden Semesters fällig.

Haben sich Ihre bisherigen Erwartungen an Ihr Studium erfüllt?

Meine allgemeinen Erwartungen an mein Studium haben sich definitiv erfüllt, trotzdem hätte ich mir gewünscht, manchmal einen praxisnäheren Einblick in die Branche zu erhalten.

Würden Sie Ihren Studiengang und Ihre Hochschule weiterempfehlen?

Ich kann meine Hochschule und auch meinen Studiengang durchaus empfehlen. Die Professoren sind überwiegend kompetent und haben einen guten Lehrstil. Durch die Aufteilung in ein Grund- und ein anschließend selbstgewähltes Schwerpunktstudium kann Basiswissen vermittelt und im Anschluss im persönlichen Interessenbereich ausgebaut und angewendet werden. Die Hochschule selbst ist überschaubar und gut ausgestattet.

Ausbildung oder Studium oder beides nacheinander? Was ist der bessere Weg heutzutage? Gibt es „den" ultimativen Königsweg?

Ich denke, das muss jeder für sich selbst entscheiden. Ich persönlich habe mein Studium ohne vorherige Ausbildung begonnen, kenne aber auch Kommilitonen mit Ausbildung.

Eine Ausbildung schafft sicherlich eine gute Basis an Verständnis und Praxis. Diese können in einem anschließenden Studium besser vertieft und zielgerichteter angewendet werden. Mit einer Ausbildung vor dem Studium werden Kenntnisse erworben, die im und auch nach dem Studium von Vorteil sein können.

Andererseits kostet eine Ausbildung auch Zeit und im Idealfall werden im Studium tiefergehende Kenntnisse vermittelt. Ein Studium in der Tourismusbranche ist mit Sicherheit sinnvoll, wenn eine Managementposition angestrebt wird. Studierende mit einem Bachelor- oder Master-Abschluss haben meist bessere Chancen auf dem Arbeitsmarkt, da die Anforderungen an eine Stelle oftmals einen Studienabschluss beinhalten.

Reicht der Bachelor-Abschluss heutzutage aus Ihrer Sicht aus oder muss es zwingend der Master-Abschluss sein? Wie erfahren ist die Tourismusbranche mit den neuen Studienabschlüssen?

Meiner Meinung nach reicht der Bachelor-Abschluss aus, ein Master-Abschluss ist aber oftmals erwünscht. Mit einem Bachelor-Abschluss kann es sein, dass der Aufstieg in eine höhere Position länger dauert als mit einem Master-Abschluss. Ich würde mich nach meinem Bachelor-Abschluss erkundigen, was die Anforderungen für den Tätigkeitsbereich sind, in dem ich arbeiten möchte und dementsprechend die Entscheidung treffen, ob ein Master-Abschluss vonnöten ist oder nicht.

Was meinen Sie, wie kommt man nach dem Studium am besten in den gewünschten Job? Über Praktika, Projektarbeiten, Bachelor-/Master-Thesis, Traineeprogramme, Direkteinstieg, Auslandsaufenthalte, Fremdsprachen, Netzwerke, Vitamin B,…?

Um den gewünschten Job zu bekommen, sollte man auf jeden Fall, zusätzlich zu guten Noten, auch weitere Qualifikationen vorweisen können. Welche am Ende den Arbeitgeber überzeugen, hängt von der Stelle ab. Allgemein lässt sich sagen, dass Auslandsaufenthalte so interpretiert werden können, dass man bereit ist, sein Umfeld zu verlassen und sich mit Neuem auseinanderzusetzen. Dass man andere Sprachen sprechen kann und, dass Eigeninitiative und Organisation keine Fremdworte sind. Ein erfolgreich durchgeführtes Projekt an der Hochschule oder die Teilnahme an Weiterbildungsmaßnahmen über das normale

Studienpensum hinaus sprechen für Engagement und Interesse am Fachgebiet.

Wenn ein Studierender Praktika vorweisen kann, so kann der Arbeitgeber davon ausgehen, dass bereits ein gewisses Maß an praktischen Erfahrungen, z.B. wie die Anwendung von Software, das Arbeiten im Team und ein Einblick in die Arbeitswelt, vorhanden sind. Zudem werden erste Kontakte aufgebaut, die ggf. später wieder aktiviert werden können.

Ein Traineeprogramm ist sicher eine der besten Einstiegsmöglichkeiten in die Arbeitswelt. Man wird intensiv eingearbeitet und erhält einen tiefen Einblick in die Unternehmensabläufe. Gleichzeitig lernt der Arbeitgeber den Trainee näher kennen. Das Programm zielt i.d.R. darauf ab, den Trainee nach der Ausbildung im Unternehmen zu halten. Eine Bachelor- oder Master-Arbeit kann ein ähnliches Ziel verfolgen; je nach Verlauf der Zusammenarbeit ist ein späteres Arbeitsverhältnis möglich.

Ein Direkteinstieg ist schwieriger, aber dafür auch ohne „Vorlaufzeit", wie z.B. bei einer Bachelor-Arbeit, die oftmals geringer bezahlt wird und andere Verpflichtungen beinhaltet als ein Job an sich.

Referenzen, „Vitamin B" und Weiterempfehlungen über einen alten Arbeitgeber können definitiv von Vorteil sein.

Arbeiten in der Tourismusbranche - bedeutet dies automatisch viel unterwegs zu sein und viel zu reisen?

Nein. Zweifellos kommt es darauf an, welchen Job man wählt. Natürlich gibt es in der Tourismusbranche auch Jobs, die eigenes Reisen und Auslandsaufenthalte beinhalten, das würde ich jedoch als Ausnahme bezeichnen. Die meisten Aufgaben in der Tourismusbranche werden letztlich vom Schreibtisch aus durchgeführt.

Was meinen Sie, was sind grundsätzlich die Vor- und Nachteile in der Tourismusbranche zu arbeiten?

Vorteile der Reisebranche sind, dass sie einen breiten Rahmen an Tätigkeitsfeldern bietet. Die Branche ist serviceorientiert, sehr kommunikativ und kreativ. Sie bietet definitiv die Möglichkeit, im Job etwas zu tun, was Spaß macht und nicht nur Geld zu verdienen.

Als Nachteile der Tourismusbranche würde ich die Bezahlung und die Arbeitszeiten anführen. Zudem ist sie stark abhängig von nicht beinflussbaren Faktoren, wie z.B. Terrorismus, Politik oder Umweltkatastrophen.

Wollen Sie den zukünftigen Studienanfängern noch etwas mit auf den Weg geben?

Macht Euch keine Illusionen, die Tourismusbranche bietet nicht vorrangig die bestbezahltesten Jobs. Sie bietet auch nicht immer die spektakulärsten Aufgabenfelder. Vieles hat mit Zahlen und Theorie zu tun, Wirtschaft eben. Trotzdem ist kaum eine Branche so facettenreich und wandelbar wie der Tourismus. Ihr habt eine Vielzahl an Möglichkeiten, Eure Interessen und Fähigkeiten zu Eurem Job zu machen. Mit Begeisterung, Ehrgeiz und Fachwissen ist mit Sicherheit eine erfolgreiche Karriere möglich.

HERZLICHEN DANK!!

Name: Anna Wieting
Fachsemester: 1. Semester
Studiengang: Northern Business School, Hamburg
Abschluss: Bachelor of Arts
Hochschule: Betriebswirtschaftslehre mit den Kompetenzfeldern Tourismus- und Eventmanagement

----

Welche Voraussetzungen sind erforderlich, um einen Studienplatz in dem von Ihnen gewählten Studiengang zu bekommen?
Voraussetzung ist entweder die Allgemeine Hochschulreife bzw. Fachhochschulreife oder wie in meinem Fall, sich mit einer Berufsausbildung und Berufserfahrung einer aufwendigen Aufnahmeprüfung zu unterziehen. Diese beinhaltet einen Deutschtest, Mathetest und einen Wirtschaftsteil. Zusätzlich ist ein ausführliches Motivationsschreiben erforderlich. Nach erfolgreichem Bestehen muss man seine Eignung noch einmal in einem persönlichen Gespräch mit dem Studiengangsleiter verdeutlichen. Dieser entscheidet dann letztlich, ob man geeignet ist.

Warum haben Sie sich ausgerechnet für diesen Studiengang entschieden? War dieser Ihre erste Wahl?
Es war absolut meine erste Wahl und auch meine einzige Bewerbung an einer Hochschule. Ich wollte schon immer im Tourismus arbeiten und habe eine Ausbildung in einem TUI-Reisebüro in Oldenburg absolviert. Früh erkannte ich, dass mir die Arbeit im Reisebüro nicht reicht. Ich wollte mehr. Nach intensiven Recherchen im Netz bin ich auf

die Northern Business School (NBS) gestoßen. Das spannende an dem Studienangebot der NBS war bzw. ist für mich die Kombination der Kompetenzfelder Tourismus- und Eventmanagement. Mein großer Traum, der sich nach und nach verfestigt, ist es, bei einem Kreuzfahrtunternehmen im Bereich Events zu arbeiten. Der Studiengang bietet mir eine perfekte Kombination, mit der ich mich auf beide Bereiche gleichzeitig spezialisieren kann.

Was machen Sie inhaltlich genau in Ihrem Studiengang? Auf welche beruflichen Tätigkeiten bereitet dieser Sie vor?

In meinem Studiengang lerne ich Fächer, wie BWL, Marketing, Mathematik, Rechnungswesen und Controlling, Management, Personalwesen, Wirtschaftsrecht, Wissenschaftliches Arbeiten sowie Projekt- und Eventmanagement/-planung, kennen. Mit diesen Kenntnissen ist man später gut auf einen Beruf im Tourismus oder bei Eventagenturen vorbereitet. Ich bereite mich, wie gesagt, auf eine Tätigkeit vor, in der ich Events plane, organisiere und durchführe.

Was wollen Sie beruflich später machen? Haben Sie schon eine konkrete Vorstellung?

Ich habe sehr konkrete Vorstellungen. Ich arbeite erfreulicherweise seit kurzer Zeit bei TUI Cruises in Hamburg als Werksstudentin im Bereich Events, wie ich es mir immer gewünscht habe. Mein Ziel ist es, nach erfolgreich absolviertem Studium eine Festanstellung als Junior Event Manager zu bekommen. Mal sehen, wie es sich in den nächsten zwei Jahren entwickeln wird.

*Wie sieht ein typischer Studientag bei Ihnen
aus - gibt es diesen überhaupt bei Ihnen?*
Einen typischen Studientag in diesem Sinne gibt es
nicht, da ich jeden Tag unterschiedliche Vorlesungen und Vorlesungszeiten habe. In den ersten 1,5
Jahren werden diese zu festen Terminen angeboten, die man ganz frei nach Wahl besuchen kann,
aber nicht muss, da keine Anwesenheitspflicht
besteht und auch die mündliche Mitarbeit nicht
bewertet wird. Wenn es später in die Schwerpunkte und Kompetenzfelder geht, ändert sich dies.

*Sind ein Auslandssemester, Inlands- bzw.
Auslandspraktika und Fremdsprachen fester
Bestandteil Ihres Studiums? Wenn ja, welche?*
Ja, das vierte Semester ist sozusagen ein Praxissemester, das jeder frei nutzen kann. Man kann in
dieser Zeit ein Auslandssemester einlegen, oder
aber auch ein Inlands- oder Auslandspraktikum
absolvieren. Wichtig ist nur, dass man sich früh
genug darum kümmert. Sprachen sind fester Bestandteil des Studiengangs. Wir haben die Wahl
zwischen Französisch und Spanisch.

*Können Sie etwas zu Ihrem Arbeitspensum (in
Wochenstunden) sagen?*
Es ist sehr wichtig, Vorlesungen in der Regel vor-
und nachzubereiten. Dies ist aber von Studiengang
zu Studiengang unterschiedlich. Ich setze mich
drei- bis viermal die Woche nach der Uni für Vor-
und Nachbereitungen hin und bearbeite auch
Hausaufgaben, die von einigen Dozenten online
hochgeladen werden und auf freiwilliger Basis
erledigt werden können. Ich persönlich finde dies
sehr hilfreich, weil man stetig im Thema bleibt und
das Erlernte aus Vorlesungen direkt anwenden

kann. Die Zeit, die man in Eigenarbeit zuhause zusätzlich investiert, sollte nicht unterschätzt werden.

Werden Studiengebühren fällig? Wenn ja, wie hoch?

Ja und zwar 445 Euro monatlich.

Haben sich Ihre bisherigen Erwartungen an Ihr Studium erfüllt?

Ja, meine bisherigen Erwartungen wurden sogar übertroffen. Ich bin sehr zufrieden und freue mich auf die zukünftig immer wechselnden Vorlesungen und Angebote der NBS.

Würden Sie Ihren Studiengang und Ihre Hochschule weiterempfehlen?

In jedem Fall. Allerdings ist es meiner Meinung nach wichtig, eine betriebliche Ausbildung vor dem Studium zu absolvieren. Ich habe durch meine Ausbildung zur Reiseverkehrskauffrau unendlich viele Dinge gelernt, die mir jetzt eine enorme Hilfe sind und fast alle Vorlesungen deutlich erleichtern. Für jemanden, der gerade Abitur gemacht hat, ist es vielleicht leichter, zu lernen, aber BWL-Kenntnisse und Fachwissen können in der Form noch nicht vorhanden sein.

Ausbildung oder Studium oder beides nacheinander? Was ist der bessere Weg heutzutage? Gibt es „den" ultimativen Königsweg?

Wie eben schon kurz angerissen, bin ich der Meinung, beides zusammen ist der perfekte Weg. Wer „sein Leben lang" nur in der Schule oder Uni war, kennt den Ablauf und die Entwicklung in der heutigen Arbeitswelt nicht und ist z.B. nicht auf den direkten Kundenkontakt oder betriebliche Abläufe vorbereitet und nicht geschult. Wer zuerst eine Ausbildung macht, steigert sein Selbstbewusstsein, verbessert sein Allgemeinwissen und lernt den Kontakt und Umgang mit Arbeitskollegen, Vorgesetzten oder auch Endkunden kennen. Dies bringt einem wirklich etwas fürs Leben und hilft bei einem späteren Studium enorm beim Verständnis der Vorlesungen.

Reicht der Bachelor-Abschluss heutzutage aus Ihrer Sicht aus oder muss es zwingend der Master-Abschluss sein? Wie erfahren ist die Tourismusbranche mit den neuen Studienabschlüssen?

Meiner Meinung nach hat man mit einem Bachelor-Abschluss sehr gute Chancen, einen Einstieg in das gewünschte Tourismusunternehmen zu schaffen. Ich persönlich plane nach dem Bachelor-Abschluss kein Master-Studium anzuschließen.

Was meinen Sie, wie kommt man nach dem Studium am besten in den gewünschten Job? Über Praktika, Projektarbeiten, Bachelor-/Master-Thesis, Traineeprogramme, Direkteinstieg, Auslandsaufenthalte, Fremdsprachen, Netzwerke, Vitamin B,...?

Ich denke, dass es sehr wichtig ist, während des Studiums bereits Praktika in den Bereichen zu absolvieren, in denen man es sich vorstellen kann, auch später zu arbeiten. Während des Praktikums hat das Unternehmen Zeit, einen kennenzulernen. Man hat die einmalige Chance zu zeigen, was man drauf hat. Am Ende des Praktikums kann man auch schon mal vorsichtig nachfragen, wie es künftig mit Einstellungen aussieht und ob die Chance besteht, nach erfolgreich abgeschlossenem Studium eine Bewerbung auf eine Stelle mit Festanstellung abzugeben. Was ich persönlich auch extrem wichtig finde, ist die Arbeit neben dem Studium, wie in meinem Fall als Werksstudentin. Wenn man erst einmal im Unternehmen drin ist, ist man drin. So hat man die Möglichkeit, Kontakte zu knüpfen und sich einen „Namen" zu machen. Auslandssemester sind ebenfalls gerne gesehen, aber nicht jeder ist in der Lage, meist aus finanziellen Gründen, diese Möglichkeit in Anspruch zu nehmen.

Arbeiten in der Tourismusbranche - bedeutet dies automatisch viel unterwegs zu sein und viel zu reisen?

Vielen denken, wer im Tourismus tätig ist, ist nur unterwegs. Dass man mehr herumkommt als andere, stimmt natürlich. Tourismus hat aber auch viel mit harter Arbeit, Organisation und dem dazugehörigen aktuellen Fachwissen zu tun. Um das entsprechende Know-how zu erwerben, ist es nötig, sich z.B. Destinationen, Schiffe, Musicals oder Hotels persönlich anzuschauen. Ich hatte glücklicherweise Gelegenheit, während meiner Reisebürozeit mir vieles ansehen und kennenlernen zu dürfen. Mir persönlich gefällt genau das an der Branche. Es ist Abwechslung pur und man lernt nie aus.

Was meinen Sie, was sind grundsätzlich die Vor- und Nachteile in der Tourismusbranche zu arbeiten?

Eine schwierige Frage. Ich denke, Vorteile an sich sind die stetige Abwechslung, die vielen Spezialisierungsmöglichkeiten, der Spaß, tolle Erfahrungen, und: man kann seine Interessen zum Beruf machen.

Nachteile sind eventuell, dass immer mehr kleinere private Reisebüros von der Insolvenz bedroht sind, da sie sich gegenüber der Konkurrenz und dem Internet behaupten müssen. Außerdem ist es nicht leicht, einen wirklich gut bezahlten Job zu ergattern, häufig wird die Arbeit nicht ganz fair bezahlt.

Frage: *Wollen Sie den zukünftigen Studienanfängern noch etwas mit auf den Weg geben?*
Ich kann die Tourismusbranche nur empfehlen und wünsche allen, die sich dazu entscheiden, ebenfalls in dieser Branche zu arbeiten, alles Gute, viel Spaß und die besten Erfahrungen mit der besten Branche der Welt - der Tourismusbranche.

HERZLICHEN DANK!!

Name: Marie-Christine Müller
Fachsemester: 3. Semester
Studiengang: Internationales Tourismusmanagement
Abschluss: Double Bachelor of Arts in International Tourism Management
Hochschule: IUBH - Internationale Hochschule Bad Honnef-Bonn

Welche Voraussetzungen sind erforderlich, um einen Studienplatz in dem von Ihnen gewählten Studiengang zu bekommen?
Neben der allgemeinen Hochschulreife (Abitur), der Fachhochschulreife und gleichwertigen Abschlüssen ausländischer Hochschulen ist das Bestehen einer Aufnahmeprüfung Hauptvoraussetzung. Zudem muss vor Studienbeginn ein Englischnachweis in Form eines TOEFL-Tests, dem IELTS oder anhand des Cambridge Zertifikats vorgelegt werden.

Warum haben Sie sich ausgerechnet für diesen Studiengang entschieden? War dieser Ihre erste Wahl?
Ja, Tourismusmanagement war meine erste Wahl. Ich habe nach einem Studiengang gesucht, der verschiedene Interessen von mir vereint: fremde Länder, Kulturen, Sprachen, das Entdecken von neuen Orten, aber auch Management-Elemente, wie Finanzen oder Marketing. Zudem wollte ich die Möglichkeit haben, später mit einem Produkt zu arbeiten, welches mir selbst viel Freude bereitet - das Reisen.

Was machen Sie inhaltlich genau in Ihrem Studiengang? Auf welche beruflichen Tätigkeiten bereitet dieser Sie vor?

Der Studiengang beruht auf einer BWL-Grundlage, d.h. zu den betriebswirtschaftlichen Fächern wie Finanzbuchhaltung, Mathematik, Statistik, Marketing, kommen tourismusbezogene Fächer wie Tourismusmarkt & seine Akteure, Reise- & Tourismus-Geographie, Management von Reiseveranstaltung & Reise-Service und auch eine Fremdsprache hinzu.

Das Studium bereitet auf spätere Management-Positionen in der Tourismusindustrie vor. Der Absolvent verfügt nach dem Studium über die allgemeinen betriebswirtschaftlichen Grundlagen und bringt darüber hinaus tourismusspezifische Kenntnisse mit. Zudem wird ein internationales Arbeiten ermöglicht, da an unserer Hochschule alle Kurse auf Englisch abgehalten werden.

Was wollen Sie beruflich später machen? Haben Sie schon eine konkrete Vorstellung?

Meine Vorstellungen sind noch nicht endgültig, aber ich bin sehr am Destinationsmanagement interessiert, insbesondere an der Arbeit der Deutschen Zentrale für Tourismus, die Deutschland als Reiseland in der Welt vermarktet.

Wie sieht ein typischer Studientag bei Ihnen aus - gibt es diesen überhaupt bei Ihnen?

In dem Sinne als „typisch" würde ich keinen Tag an der Uni bezeichnen, aber generell sieht die Wochenplanung immer gleich aus. Wir haben einen festen Stundenplan mit allen unseren Kursen, die in der Regel einmal die Woche am selben Tag und zur selben Uhrzeit stattfinden. Natürlich hat man mal einen Tag mit nur 1,5 Stunden Vorlesung, und an anderen Tagen verbringt man dafür 7,5 Stunden in der Universität.

Der Tag startet frühestens ab 8.15 Uhr, wobei bei mir die Kurse größtenteils erst um 10.45 Uhr oder später anfangen, und endet normalerweise um 17.15 Uhr. An den Tagen, an denen nachmittags die Sprachen unterrichtet werden (montags und mittwochs), kann man auch schon mal Pech haben und den Kurs erwischen, der bis 19.00 Uhr geht.

Sind ein Auslandssemester, Inlands- bzw. Auslandspraktika und Fremdsprachen fester Bestandteil Ihres Studiums? Wenn ja, welche?

Im vierten Semester ist ein Praktikum vorgeschrieben, welches wahlweise im In- oder Ausland absolviert werden kann. Außerdem ist für meinen Studiengang „Internationales Tourismusmanagement" ein Auslandsjahr an einer Partneruniversität vorgesehen. In den zwei Semestern, die man dort verbringt, absolviert man einen zwischen den Universitäten abgestimmten Studienplan, und erhält so am Ende seines Studiums einen Doppel-Bachelor. Ich werde also einerseits einen Bachelor-Abschluss von der IUBH in Bad Honnef-Bonn und andererseits einen Bachelor-Abschluss von der Partneruniversität, wo ich mein fünftes und sechstes Semester verbringen werde, erhalten.

Können Sie etwas zu Ihrem Arbeitspensum (in Wochenstunden) sagen?

Meine normalen Vorlesungen belaufen sich schon einmal auf 17,5 Stunden. Hinzu kommen die Nachbereitung der Lehrveranstaltungen, Projekte oder Präsentationen, sodass ich insgesamt schon auf 35-40 Stunden pro Woche komme. Natürlich gibt es Unterschiede, abhängig davon, ob das Semester gerade erst begonnen hat oder ob es auf die Klausurenphase zugeht.

Werden Studiengebühren fällig? Wenn ja, wie hoch?
Ja, die Studiengebühren belaufen sich auf 4.995 Euro pro Semester. Die Hochschule bietet dazu Finanzierungsmöglichkeiten und Stipendien an.

Haben sich Ihre bisherigen Erwartungen an Ihr Studium erfüllt?
Ja, ich bin absolut zufrieden mit meinem Studium und mit dem, was ich gelehrt bekomme.

Würden Sie Ihren Studiengang und Ihre Hochschule weiterempfehlen?
Definitiv! Die IUBH ist eine relativ kleine Universität, welche einen ganz besonderen familiären Charakter mit sich bringt. Für den Tourismusstudiengang wurde die Hochschule mit dem Premium-Siegel der FIBAA ausgezeichnet. Die FIBAA steht für besonders gute Studieninhalte. Die IUBH wurde im CHE Ranking 2014 zur besten privaten Hochschule Deutschlands gewählt.

Ausbildung oder Studium oder beides nacheinander? Was ist der bessere Weg heutzutage? Gibt es „den" ultimativen Königsweg?
Ich denke, generell bietet das duale Studium die perfekte Kombination aus Ausbildung und Studium, dennoch ist es schwer, dort einen Platz zu finden. Ich hatte damals leider kein Glück mit meinen Bewerbungen und zunächst mit dem Gedanken einer Ausbildung gespielt. Dennoch bietet das Studium an meiner Universität so viel Praxis-

bezug durch Projekte und das Praktikum, dass man meiner Meinung nach auch ohne Ausbildung und alleine durch das Studium genug Wissen und Erfahrung sammelt, um sich auf das spätere Berufsleben vorzubereiten.

Reicht der Bachelor-Abschluss heutzutage aus Ihrer Sicht aus oder muss es zwingend der Master-Abschluss sein? Wie erfahren ist die Tourismusbranche mit den neuen Studienabschlüssen?

Meiner Meinung nach ist ein Master direkt im Anschluss an das Tourismusstudium erst einmal nicht zwingend notwendig, da dieses Studium schon direkt auf eine spezifische Branche abgestimmt ist. Dennoch meine ich, dass, wenn man sich nach ein paar Jahren Berufserfahrung sicher ist, in welcher Abteilung man genau arbeiten möchte, berufsbegleitend noch einen Master in Marketing, Personalwesen, Finanzen o.ä. hinzufügen könnte, um noch einmal spezifischeres Wissen zu erlangen.

Inwieweit die Tourismusbranche mit den neuen Abschlüssen vertraut ist, kann ich nicht beantworten. Allerdings schätze ich „Tourismusmanagement" o.ä. als recht moderne Studiengänge ein, die von der Branche gut aufgenommen werden und auch erwünscht sind.

Was meinen Sie, wie kommt man nach dem Studium am besten in den gewünschten Job? Über Praktika, Projektarbeiten, Bachelor-/Master-Thesis, Traineeprogramme, Direkteinstieg, Auslandsaufenthalte, Fremdsprachen, Netzwerke, Vitamin B,…?

Ich denke, da gibt es verschiedene Arten. Meiner Meinung nach ist das Pflichtpraktikum während des Studiums eine gute Möglichkeit, Kontakte zu knüpfen und einen persönlichen Eindruck zu hinterlassen. Dies ist oft auch hilfreich, um einen Partner für die Bachelor-Thesis zu werben. Dennoch schaden weitere Praktika nach dem Studium nicht, da sie für mehrere Monate Einblicke in die Unternehmensabläufe ermöglichen. Des Weiteren werden Traineeprogramme immer beliebter.

Selbst während der ersten Semester meines Studiums und während meiner Praktikumssuche musste ich feststellen, das Vitamin B sehr viel ausmacht. Man sollte daher am Kontakte knüpfen interessiert sein, und diese auch nutzen, um in seinem Bereich Fuß zu fassen bzw. um auf diese Art und Weise an einen spannenden Praktikumsplatz oder Job zu kommen.

Arbeiten in der Tourismusbranche - bedeutet dies automatisch viel unterwegs zu sein und viel zu reisen?

Nein, dies ist natürlich nicht automatisch gewährleistet, dessen sollte man sich als Tourismusstudierender im Klaren sein. Wie viel oder wenig man am Ende als Bestandteil seiner Arbeit unterwegs ist und reisen kann/darf, hängt immer noch vom endgültigen Job ab.

Was meinen Sie, was sind grundsätzlich die Vor- und Nachteile in der Tourismusbranche zu arbeiten?

Ein großer Vorteil ist, dass die Tourismusindustrie seit Jahren wächst und auch weiterhin mit Optimismus in die Zukunft geblickt wird. Meiner Meinung nach bietet diese Branche alle Möglichkeiten, mit Produkten bzw. Dienstleistungen zu arbeiten, die für Menschen einen wichtigen Lebensbestandteil ausmachen.

Dennoch muss man sich bewusst sein, dass im Tourismus typischerweise keine hohen Gehälter gezahlt werden. Wie schon bereits erwähnt, könnte ein weiterer Nachteil sein, das man nicht unbedingt so viel reist, wie man gerne möchte und stattdessen eher während der Arbeit vom Fernweh eingeholt wird.

Wollen Sie den zukünftigen Studienanfängern noch etwas mit auf den Weg geben?

Natürlich garantiert das Tourismusstudium nicht, dass man später nur als Weltenbummler unterwegs ist. Dennoch ermöglicht man anderen Menschen, die Welt zu entdecken. Ich wollte meine Leidenschaft für das Reisen und die Welt in meinen zukünftigen Beruf integrieren, auch wenn man dabei selbst vom Fernweh gepackt wird.

Jedoch ist es wichtig, sich bewusst zu machen, dass hinter dem Studium auch viel Betriebswirtschaftliches steckt und man um das Arbeiten mit Zahlen nicht herumkommt. Wenn man sich dessen bewusst ist, sich einerseits für die Tourismusindustrie und andererseits auch für Managementtätigkeiten im Allgemeinen interessiert, stellt der Studiengang „Tourismusmanagement" eine sehr gute Zukunftsperspektive dar.

Ich wünsche allen, dass sie ebenfalls für sich die passende und richtige Entscheidung treffen werden. Egal, ob in der Tourismusbranche oder in einem anderen Bereich der Wirtschaft.

HERZLICHEN DANK!!

Name: Rieke Bolling
Fachsemester: 5. Semester
Studiengang: Tourismus- und Eventmanagement
Abschluss: Bachelor of Arts
Hochschule: International School of Management, Campus Hamburg

----

Welche Voraussetzungen sind erforderlich, um einen Studienplatz in dem von Ihnen gewählten Studiengang zu bekommen?

Voraussetzung ist zunächst die Allgemeine Hochschulreife oder die Fachhochschulreife. Nach Einsendung der Bewerbungsunterlagen wird man zu einem Aufnahmetag eingeladen, an dem verschiedene Tests hinsichtlich Denkfähigkeit, Mathematik und Sprachen (je nach Kenntnissen in Englisch, Spanisch, Französisch, Chinesisch, Italienisch) stattfinden. Zum Abschluss gibt es noch eine Gruppenaufgabe und es wird ein Einzelgespräch geführt.

Warum haben Sie sich ausgerechnet für diesen Studiengang entschieden? War dieser Ihre erste Wahl?

Ich habe mich für den Studiengang Tourismus- und Eventmanagement entschieden, da ich mir zwar sicher war, später gerne im Tourismus arbeiten zu wollen, aber noch nicht wusste, was ich ganz genau wollte. Das Studium vermittelt zunächst betriebswirtschaftliche Grundlagen und später haben Studierende die Möglichkeit, sich zu spezialisieren. Nach zwei Jahren habe ich den Schwerpunkt auf Hotel- und Food & Beverage Management und Aviation Management gelegt.

Meine erste Wahl war eine komplett andere Richtung (Schauspielerei). Da es mir wichtig war, nach dem Studium einen sicheren Arbeitsplatz zu bekommen, habe ich mich für die Touristikbranche entschieden.

Was machen Sie inhaltlich genau in Ihrem Studiengang? Auf welche beruflichen Tätigkeiten bereitet dieser Sie vor?
Im Grundstudium haben wir Fächer wie Finanzbuchhaltung, Kosten- und Leistungsrechnung, Rhetorik, Allgemeine Betriebswirtschaftslehre, Mikroökonomie, Marketing, Marktforschung, Wirtschaftsprivatrecht, Tourismusmärkte, Tourismusgeographie, Personalmanagement, Organisation, Projektmanagement, IT im Tourismus, Wirtschaftspolitik, Makroökonomie, Investition und Finanzierung, Freizeitmanagement. Im Vertiefungsstudium kann man dann Module wählen, wie zum Beispiel Marketing, Health- & Sports Tourism, Hotel- und Food & Beverage Management, Human Resource Management, Aviation Management und Unternehmensführung. Zusätzlich hat man noch Fächer wie Tourismusorganisation, Strategisches Eventmanagement, Steuern in der Tourismus- und Eventbranche und Operatives Eventcontrolling.

Was wollen Sie beruflich später machen? Haben Sie schon eine konkrete Vorstellung?
Meine Wunschvorstellung ist es, Clubdirektorin auf einem Kreuzfahrtschiff zu werden. Nach meinem Studium möchte ich gerne in der Gästebetreuung arbeiten. Ich kann mir allerdings auch Front Office-Tätigkeiten im Hotel vorstellen. Ich finde, jeder sollte erst einmal im operativen Be-

reich tätig gewesen sein, bevor er sich für eine leitende Position bewirbt.

Wie sieht ein typischer Studientag bei Ihnen aus - gibt es diesen überhaupt bei Ihnen?

Bei uns an der Hochschule gibt es keinen typischen Studientag. So kommt es vor, dass ich an einem Tag von 8.30-17.30 Uhr in der Uni sitze und an einem anderen nur von 10.15-14.15 Uhr. Jeder Tag ist unterschiedlich. Dies kann man für sich nutzen und sich nochmal nachmittags in die Bibliothek setzen und lernen oder seine Freizeit individuell gestalten. Zum studienbegleitenden Arbeiten ist diese Art von Unterricht allerdings relativ problematisch. Viele Betriebe möchten Aushilfen an festen Tagen haben und: bis nachts um 2.00 Uhr zu kellnern, ist nicht sehr angenehm, wenn man am nächsten Morgen wieder um 8.30 Uhr in der Uni sitzen muss.

Sind ein Auslandssemester, Inlands- bzw. Auslandspraktika und Fremdsprachen fester Bestandteil Ihres Studiums? Wenn ja, welche?

Ein Auslandssemester ist bei unserer Hochschule fester Bestandteil des Studiums. Es ist im vierten Semester integriert. Es gibt ein Netz aus über 150 Partnerhochschulen und dieses wird stetig erweitert. Im vierten Semester gehen alle Studierenden ins europäische Ausland. Man kann freiwillig im siebten Semester noch ein Auslandssemester in Übersee absolvieren.

Inlands- und Auslandspraktika sind ebenfalls integraler Bestandteil. Insgesamt müssen Studierende 20 Wochen Praktikum in ihrer vorlesungsfreien Zeit absolvieren, davon mindestens die Hälfte im Ausland.

An unserer Uni müssen wir mindestens zwei Fremdsprachen belegen, wobei Englisch als erste Fremdsprache feststeht. Zusätzlich haben wir die Auswahl zwischen Französisch, Spanisch, Italienisch oder Chinesisch. Für alle Studierenden gibt es vor Studienbeginn Kurse, die der intensiven Vorbereitung dienen.

Können Sie etwas zu Ihrem Arbeitspensum (in Wochenstunden) sagen?

Das ist schwierig zu sagen und kommt auch auf jeden Studierenden selbst an. Ich bin jemand, der lieber langsamer, aber dafür intensiver lernt als sich alles nur „reinzupauken". Besonders vor den Klausuren sitze ich zehn Stunden und mehr pro Tag am Schreibtisch. Während des Semesters hängt der Arbeitsaufwand von den zusätzlich anfallenden Arbeiten in Form von Hausaufgaben, Hausarbeiten und Vokabeln lernen ab. Ich schätze 1-2 Stunden pro Tag, also 7-14 Wochenstunden. Aber wie gesagt, manche lernen kaum neben der Uni und nur vor den Klausuren.

Werden Studiengebühren fällig? Wenn ja, wie hoch?

Die International School of Management ist eine private Hochschule. Somit fallen Studiengebühren in Höhe von 4.900 Euro pro Semester an.

Haben sich Ihre bisherigen Erwartungen an Ihr Studium erfüllt?

Die bisherigen Erwartungen an mein Studium wurden soweit erfüllt. Es ist gut, dass es am Anfang ein allgemeines Grundstudium gibt. Allerdings war es mir teilweise etwas zu viel Statistik, Mathe und Recht. Dies sind Fächer, bei denen ich froh bin, sie hinter mir zu haben. Besonders freue ich mich auf das Vertiefungsstudium, da man dort Themen behandelt, die einen wirklich interessieren.

Würden Sie Ihren Studiengang und Ihre Hochschule weiterempfehlen?

Für jemanden, der sich für Tourismus und Wirtschaft begeistern kann, würde ich dieses Studium und auch meine Hochschule empfehlen. Man lernt viel und ist danach sicherlich breit aufgestellt für einen erfolgreichen Start in das Berufsleben.

Ausbildung oder Studium oder beides nacheinander? Was ist der bessere Weg heutzutage? Gibt es „den" ultimativen Königsweg?

Ich wollte zuerst eine Ausbildung machen und danach ein Studium absolvieren, aber habe mich dann dagegen entschieden. Ich dachte, dass ich dieses Wissen auch in Form von Praktika erlernen kann. Für mich ist Praxiserfahrung sehr wichtig. Ich denke, wenn sich die Möglichkeit bietet, sollte man dual studieren. Allerdings stelle ich mir ein duales Studium sehr arbeitsintensiv vor und man ist schließlich nur einmal jung … . Jeder muss das aber im Endeffekt für sich selbst entscheiden. Für mich ist ein Studium mit integrierten Praktika eine gute Entscheidung gewesen.

Reicht der Bachelor-Abschluss heutzutage aus Ihrer Sicht aus oder muss es zwingend der Master-Abschluss sein? Wie erfahren ist die Tourismusbranche mit den neuen Studienabschlüssen?

Nach einem Bachelor-Abschluss sind die Einstiegsgehälter oftmals nicht allzu üppig. Deshalb sollte man nach dem Abschluss erst einmal einige Jahre Berufserfahrung sammeln und danach eventuell noch einen Master machen (auch berufsbegleitend). Mir genügt der Bachelor-Abschluss erst einmal.

Was meinen Sie, wie kommt man nach dem Studium am besten in den gewünschten Job? Über Praktika, Projektarbeiten, Bachelor-/ Master-Thesis, Traineeprogramme, Direkteinstieg, Auslandsaufenthalte, Fremdsprachen, Netzwerke, Vitamin B,...?

Ich denke, dass Vitamin B eine große Rolle spielt. 50% aller Jobeinstiege heutzutage laufen über Kontakte. Somit ist es wichtig, sich bei seinen Praktika gut darzustellen, um später auf die Kontakte zurückgreifen zu können. Als Aushängeschild für die eigene Person sind eine gute Bachelor-Thesis und Fremdsprachenkenntnisse von erheblicher Bedeutung. Man muss nicht die allerbesten Noten vorweisen. Soziale Kompetenz und Teamfähigkeit schätzen Unternehmen zunehmend mehr.

Arbeiten in der Tourismusbranche - bedeutet dies automatisch viel unterwegs zu sein und viel zu reisen?

Nein. Das mag vielleicht den Anschein haben und auch viele meiner alten Schulfreunde sagen, ich studiere ja nur „Spaß und Sonnenschein". Tourismus ist harte Arbeit. In Managementpositionen der Hotellerie beispielsweise überwiegt sicherlich die Tätigkeit im Büro. Reiseleiter oder auch Stewardessen sind hingegen viel unterwegs.

Was meinen Sie, was sind grundsätzlich die Vor- und Nachteile in der Tourismusbranche zu arbeiten?

Die Tourismusbranche ist ein wichtiger Arbeitgeber; sie wird in den nächsten Jahren weiter wachsen.

Der Tourismusmarkt verändert sich stetig und es ist interessant, Trends zu beobachten und mitzugestalten.

Weiterhin gefallen mir die zahlreichen beruflichen Möglichkeiten, die der Tourismus bietet: man kann in Verkehrsbetrieben arbeiten, bei Reiseveranstaltern, in Hotels, bei Airlines, in Incoming- oder Event-Agenturen, im Travel Management eines Unternehmens oder bei Messeveranstaltern. Man kann sich also stetig weiterentwickeln und bleibt nicht 30 Jahre im selben Tätigkeitsfeld und/oder Unternehmen.

Ein Nachteil der Tourismusbranche liegt meiner Meinung nach in der Saisonabhängigkeit. Wenn alle anderen in den Urlaub fahren, muss man selbst die meiste Zeit arbeiten und ist oft nicht zuhause. Weiterhin arbeitet man gerade in der Hotellerie auch viel am Wochenende und die Bezahlung ist in den Servicejobs sehr niedrig.

Wollen Sie den zukünftigen Studienanfängern noch etwas mit auf den Weg geben?

Macht Euch genau Gedanken, was Ihr wollt, bewerbt Euch und entscheidet Euch für ein spannendes und interessantes Studium im Tourismus! Ich kann es nur empfehlen! Es ist von Abwechslung geprägt und bietet viele Möglichkeiten.

HERZLICHEN DANK!!

Name: Miriam Ludwig
Fachsemester: 3. Semester
Studiengang: Tourismus Management
Abschluss: Bachelor of Science
Hochschule: Hochschule für angewandte Wissenschaften, München

----

Welche Voraussetzungen sind erforderlich, um einen Studienplatz in dem von Ihnen gewählten Studiengang zu bekommen?
Voraussetzung für die Zulassung zum Studium ist die allgemeine oder fachgebundene Hochschulreife, die Fachhochschulreife oder fachgebundene Fachhochschulreife oder der fachgebundene Zugang für qualifizierte Berufstätige.

Warum haben Sie sich ausgerechnet für diesen Studiengang entschieden? War dieser Ihre erste Wahl?
Ich habe mich für diesen Studiengang entschieden, da er es mir erlaubt, meine Sprachenaffinität mit meinem Organisationstalent zu vereinen und ich die Möglichkeit habe, im Ausland zu arbeiten und die Welt zu sehen. Der Studiengang war daher meine erste Wahl.

Was machen Sie inhaltlich genau in Ihrem Studiengang? Auf welche beruflichen Tätigkeiten bereitet dieser Sie vor?
Wir lernen die Grundlagen für ein Studium der Wirtschaftswissenschaften, z.B. in den Vorlesungen BWL, VWL, Steuern und Controlling.
In Veranstaltungen, wie Marketing, Hotel Operations oder touristische Planung, werden Grundsätze,

Mechanismen und Trends des Tourismus aufgezeigt und wie man sein Wirtschaftswissen auf einzelne Segmente des Tourismus anwenden kann. Zunächst gilt es, sich Grundwissen anzueignen, bevor man sich speziell mit dem Tourismus befasst, da es ansonsten zu abstrakt wäre.

Mein Studiengang bereitet mich auf eine gehobene Management-Position in einem touristischen Unternehmen vor. Einige Absolventen, wie z.B. der „Verrückte Eismacher" in München, haben sich auch selbstständig gemacht oder sind in große Unternehmen der Industrie gegangen.

Was wollen Sie beruflich später machen? Haben Sie schon eine konkrete Vorstellung?

Ich würde am Ende meiner Laufbahn gerne große Projekte leiten und zuvor möglichst viele Unternehmensbereiche kennenlernen, da ich noch nicht weiß, welcher mir am meisten Spaß machen wird.

Wie sieht ein typischer Studientag bei Ihnen aus - gibt es diesen überhaupt bei Ihnen?

Ja, es gibt den typischen Studientag. Er fängt bei mir Montag um 8.00 Uhr an und endet um 15.00 Uhr. In dieser Zeit besuche ich vier Vorlesungen und in der 45-minütigen Mittagspause gehe ich in der hauseigenen Mensa essen. An anderen Tagen habe ich frei oder nur ein oder zwei Vorlesungen, die ich besuche.

Sind ein Auslandssemester, Inlands- bzw. Auslandspraktika und Fremdsprachen fester Bestandteil Ihres Studiums? Wenn ja, welche?

Ein Auslandssemester ist kein Pflichtbestandteil des Studiums, wird aber dringend empfohlen. Ein Praxissemester hingegen ist Pflicht. Hierbei haben wir freie Hand, ob wir dies im In- oder Ausland machen wollen. Es ist eine zweite Fremdsprache in den ersten beiden Semestern zu belegen, wobei u.a. Spanisch oder Chinesisch gewählt werden kann. Im dritten Semester kommt dann die Veranstaltung Intercultural Competences hinzu; durch diese werden die mündlichen und schriftlichen Englischkenntnisse gefördert.

Können Sie etwas zu Ihrem Arbeitspensum (in Wochenstunden) sagen?

Im Wintersemester liegt die Arbeitszeit pro Woche bei ca. 20 Stunden. Im Sommersemester ist es etwas entspannter.

Werden Studiengebühren fällig? Wenn ja, wie hoch?

Ja, 111 Euro pro Semester - das sind 56 Euro Sockelbeitrag für das Semesterticket und 55 Euro für das Studentenwerk.

Haben sich Ihre bisherigen Erwartungen an Ihr Studium erfüllt?

Ja, meine Erwartungen wurden mehr als erfüllt.

Würden Sie Ihren Studiengang und Ihre Hochschule weiterempfehlen?

Ja, auf jeden Fall.

Ausbildung oder Studium oder beides nacheinander? Was ist der bessere Weg heutzutage? Gibt es „den" ultimativen Königsweg?

Nein, es muss jeder selbst wissen, welcher Weg für ihn der bessere ist. Jeder Weg hat seine Vor- und Nachteile. Alles in allem haben viele von uns vorher eine Ausbildung gemacht, allerdings hatten diese zum Teil nichts mit der Studienrichtung zu tun.

Reicht der Bachelor-Abschluss heutzutage aus Ihrer Sicht aus oder muss es zwingend der Master-Abschluss sein? Wie erfahren ist die Tourismusbranche mit den neuen Studienabschlüssen?

Es werden zunehmend Hochschulabsolventen gesucht, da der Markt besonders in Europa immer komplexer wird und es Spezialisten braucht, um Wettbewerbsvorteile zu erringen. Der Bachelor-Abschluss reicht zunächst aus, wer sich aber spezialisieren möchte, sollte einen Master machen. Viele machen dies erst, nachdem sie ein paar Jahre gearbeitet haben.

Was meinen Sie, wie kommt man nach dem Studium am besten in den gewünschten Job? Über Praktika, Projektarbeiten, Bachelor-/Master-Thesis, Traineeprogramme, Direkteinstieg, Auslandsaufenthalte, Fremdsprachen, Netzwerke, Vitamin B,…?

Am besten knüpft man im Laufe des Studiums schon Kontakte auf Hochschulkontaktmessen, während der Praktika und durch Werksstudententätigkeiten und schreibt seine Bachelor-Arbeit idealerweise bei einem Unternehmen. Es läuft viel über persönliche Kontakte.

Arbeiten in der Tourismusbranche – bedeutet dies automatisch viel unterwegs zu sein und viel zu reisen?

Das hängt davon ab, in welcher Abteilung man arbeitet und um was für eine Art von Touristikunternehmen es sich handelt.

Was meinen Sie, was sind grundsätzlich die Vor- und Nachteile in der Tourismusbranche zu arbeiten?

Nachteile: Geringe Bezahlung, Fachkräftemangel (Stressfaktor).

Vorteile: Man lernt viele Leute kennen, Raum für Innovationen, reisen.

Wollen Sie den zukünftigen Studienanfängern noch etwas mit auf den Weg geben?

Lasst Euch von den vielen BWL- und VWL-Vorlesungen nicht abschrecken. Da muss man sich durchbeißen, aber es lohnt sich: Je mehr man vom Tourismus versteht, desto interessanter wird es. Allerdings ist das sehr abhängig vom jeweiligen Dozenten. Das ist nicht anders als bei Lehrern - da gibt es gute und weniger gute.

HERZLICHEN DANK!!

Name: Katharina Bormann
Fachsemester: 3. Semester
Studiengang: Tourismusmanagement
Abschluss: Bachelor of Arts
Hochschule: Hochschule Heilbronn

Welche Voraussetzungen sind erforderlich, um einen Studienplatz in dem von Ihnen gewählten Studiengang zu bekommen?

Die allgemeine, fachgebundene oder Fach-/ Hochschulreife ist Grundvoraussetzung für eine Zulassung. 90% der Studienplätze werden aufgrund von Auswahlkriterien (Durchschnittsnote der Hochschulzugangsberechtigung und Noten der Kernfächer Mathe, Deutsch und bestbenotete Fremdsprache spielen dabei eine Rolle) und 10 % nach der Anzahl der Wartesemester vergeben.

An der Hochschule Heilbronn wird großer Wert auf praktische Erfahrungen vor dem Studium gelegt. Besonders gern gesehen sind sowohl Auslandaufenthalte in Form von Work & Travel, Au Pair etc. und v.a. auch eine vorangegangene (möglichst touristische) Ausbildung.

Warum haben Sie sich ausgerechnet für diesen Studiengang entschieden? War dieser Ihre erste Wahl?

Nach meiner Ausbildung zur Kauffrau für Tourismus und Freizeit bei der Deutschen Zentrale für Tourismus e.V. in Frankfurt wusste ich, dass ich gerne im Tourismus bleiben wollte. Mir war jedoch auch klar, dass ohne einen Studienabschluss die Karrieremöglichkeiten im Tourismus relativ eingeschränkt sind. Deshalb habe ich mich bewusst für den Studiengang Tourismusmanagement entschieden, da ich auch den betriebswirtschaftlichen Hintergrund sehr interessant fand.

Was machen Sie inhaltlich genau in Ihrem Studiengang? Auf welche beruflichen Tätigkeiten bereitet dieser Sie vor?

Im Grundstudium wurden v.a. betriebswirtschaftliche Grundlagen, wie VWL, BWL, Buchführung, Bilanzierung, Kosten-Leistungsrechnung und Statistik, vermittelt. Natürlich gab es auch schon Vorlesungen mit touristischem Bezug (z.B. Tourismuswirtschaftliche Grundlagen, Proseminar Tourismus). Diese Schwerpunkte werden jedoch vermehrt im Hauptstudium vermittelt. So kommen in meinem jetzigen Semester Vorlesungen mit vorrangig touristischen Inhalten hinzu. Dazu gehören u.a. Tourismusmarketing, Recht im Tourismus, Nachhaltiger Tourismus und Destinationsplanung. Alles in allem werden den Studierenden alle relevanten betriebswirtschaftlichen Grundlagen vermittelt. Somit sind die spezifischen und allgemeinen Themen zu gleichen Teilen abgedeckt. Das bereitet die Studierenden besonders ausgewogen auf das Berufsleben vor.

Was wollen Sie beruflich später machen? Haben Sie schon eine konkrete Vorstellung?

Mein Wunscharbeitsplatz wäre im Destinationsmarketing. Gerne auch in einer ausländischen Tourismusorganisation. Alternativ fände ich eine Beschäftigung im Personalmanagement erstrebenswert.

Wie sieht ein typischer Studientag bei Ihnen aus – gibt es diesen überhaupt bei Ihnen?

Die letzten Semester waren ziemlich unterschiedlich. Es gibt Tage mit vielen Vorlesungen und
welche mit wenigen. Zusätzlich gibt es ab dem
dritten Semester zahlreiche Hausarbeiten und
praktische Projekte, die im Laufe des Studiums
zunehmen. Hinzukommen weitere studentische
Veranstaltungen, Heimfahrten und die Arbeitszeiten des Nebenjobs. Es ist also ziemlich abwechslungsreich und kein Tag ist wie der andere.

Sind ein Auslandssemester, Inlands- bzw. Auslandspraktika und Fremdsprachen fester Bestandteil Ihres Studiums? Wenn ja, welche?

Ein Praxissemester im fünften Semester und Englisch als Fremdsprache sind verpflichtend. Frei
wählbar sind zudem ein Auslandssemester, wahlweise an einer Partnerhochschule oder als
Freemover und weitere Fremdsprachen, wie Spanisch und Französisch. Zusätzlich haben die Studierenden die Möglichkeit, im Rahmen des Studiums Generale außergewöhnliche Sprachen, wie
Arabisch, Russisch und Chinesisch, zu erlernen.

Können Sie etwas zu Ihrem Arbeitspensum (in Wochenstunden) sagen?

In den ersten beiden Semestern hat sich der Arbeitsaufwand während des jeweiligen Semesters in
Grenzen gehalten, da sich die Klausuren - und
somit die Lernphasen - größtenteils auf die Semes-
terenden beschränkten. In diesem Semester ist das
Arbeitspensum durch zahlreiche Hausarbeiten mit
ca. 10 Wochenstunden Heimarbeit und ca. 16
Präsenzstunden an der Hochschule relativ hoch.

Werden Studiengebühren fällig? Wenn ja, wie hoch?

Studiengebühren werden an der Hochschule Heilbronn nicht erhoben. Es wird lediglich ein Semesterbeitrag von knapp 120 Euro verlangt.

Haben sich Ihre bisherigen Erwartungen an Ihr Studium erfüllt?

Bisher wurden meine Erwartungen an das Studium auf jeden Fall erfüllt. Den Einblick in die allgemeinen Bereiche der Wirtschaft als auch in die spezifischen touristischen Themengebiete finde ich nach wie vor spannend und sehr informativ. Zudem bringen die Dozenten meist auch ihre Erfahrungen aus der Praxis mit ein. Es wird sich generell gut um die Studierenden gekümmert.

Würden Sie Ihren Studiengang und Ihre Hochschule weiterempfehlen?

Ich würde den Studiengang auf jeden Fall weiterempfehlen. Die Professoren und Dozenten an der Hochschule sind sehr professionell und auch engagiert; die Hochschule ist sehr gut organisiert. Zusätzlich werden Aktivitäten neben dem Studium (z.B. das Heilbronn Hospitality Symposium oder Besuche auf der ITB Berlin) und Kontakte zur Wirtschaft und zu potenziellen Arbeitgebern gefördert.

Auch die Inhalte des Studiengangs sind ansprechend und angehenden Touristikern sehr zu empfehlen. Sie bieten Einblicke in die doch sehr breit gefächerten Tätigkeitsfelder des Tourismus.

Ausbildung oder Studium oder beides nacheinander? Was ist der bessere Weg heutzutage? Gibt es „den" ultimativen Königsweg?

Meiner Meinung nach gibt es den ultimativen Königsweg nicht. Ich sehe meine vor dem Studium abgeschlossene Ausbildung zur Kauffrau für Tourismus und Freizeit bei der DZT als persönlichen Vorteil. Ich habe mich schon während der Ausbildung mit den Berufsfeldern des Tourismus und dessen Vor- und Nachteilen auseinandergesetzt, sodass ich wusste, was mich im Tourismus erwartet und ich das Studium nicht vorzeitig abgebrochen habe. Zudem konnte ich schon viele praktische Erfahrungen sammeln, die ich jetzt im Studium anwenden kann. Ich würde jedem empfehlen, eine Ausbildung zu absolvieren, da man so mit der Arbeitswelt in Kontakt kommt und damit näher an der Praxis ist, als alles in den Vorlesungen nur in der Theorie zu hören. Auch die bereits in der Ausbildung gesammelten Kontakte in der Branche möchte ich nicht missen.

Reicht der Bachelor-Abschluss heutzutage aus Ihrer Sicht aus oder muss es zwingend der Master-Abschluss sein? Wie erfahren ist die Tourismusbranche mit den neuen Studienabschlüssen?

Ich denke, dass es möglich ist, auch ohne Studienabschluss in der Tourismusbranche Fuß zu fassen. Es geht mit einem Abschluss sicherlich ein gutes Stück schneller und die Einstiegs- und Aufstiegschancen sind besser.

Der Bachelor ist auf jeden Fall ein guter Anfang. Möchte man sich zusätzlich mit einem Master weiter qualifizieren, würde ich nach dem Bachelor-Abschluss vielleicht eher einen Master mit funktionsbezogenen Schwerpunkt wählen, um sich noch einmal genauer zu spezialisieren. In meinem Fall also Marketing oder Human Resource Management.

Was meinen Sie, wie kommt man nach dem Studium am besten in den gewünschten Job? Über Praktika, Projektarbeiten, Bachelor-/ Master-Thesis, Traineeprogramme, Direktein- stieg, Auslandsaufenthalte, Fremdsprachen, Netzwerke, Vitamin B,...?

Meiner Meinung nach muss man zukünftig mehr vorweisen können als „nur" Fremdsprachen oder Auslandsaufenthalte. Beides sind förderliche Faktoren, jedoch ist es heutzutage nichts Besonderes mehr, drei Fremdsprachen zu sprechen, bzw. ein Jahr als Au-Pair oder Work & Travel gemacht zu haben.

Sollte man ein Unternehmen finden, bei dem man seine Abschlussarbeit schreiben kann, ist das sicherlich super, um „einen Fuß in der Tür zu haben" und den möglichen Arbeitgeber kennenzulernen. Dasselbe gilt auch für Praktika.

Am wichtigsten ist es aber, denke ich, zu „netzwerken". Deshalb sollte man Fachmessen, Praktika o.ä. nutzen, um mit Unternehmensverantwortlichen ins Gespräch zu kommen und Kontakte zu knüpfen. Gerade in der Tourismusbranche, die ja gerne als „Familie" beschrieben wird, sind Beziehungen von großer Wichtigkeit. Im Idealfall können dann ehemalige Kollegen Empfehlungen bei möglichen Arbeitgebern aussprechen und einem so zu einer Stelle verhelfen.

Arbeiten in der Tourismusbranche - bedeutet dies automatisch viel unterwegs zu sein und viel zu reisen?

Ich glaube, dass die meisten Menschen, die nicht aus der Branche sind und hören, dass man Tourismusmanagement studiert, denken „da reist man viel und macht ständig Urlaub". Je nach Sparte, wie z.B. Reisebüro oder Reiseveranstalter, kann das natürlich vorkommen. Bei dieser Aussage bleiben jedoch die zahlreichen weiteren Tätigkeitsfelder unberücksichtigt und der Tourismus wird lediglich auf den Reiseverkehr reduziert. Dabei gibt es noch so viele andere touristische Tätigkeitsfelder, wie z.B. Autovermietungen, Messen oder Landesmarketingorganisationen, in denen womöglich wenig(er) gereist wird.

Generell denke ich, dass sich Menschen, die sich für die Tourismusbranche entscheiden, reise- und abenteuerfreudige Menschen sind, die es in die Ferne zieht. Das zeigen zumindest meine bisherigen Erfahrungen mit Kollegen, Mitauszubildenden und Kommilitonen.

Was meinen Sie, was sind grundsätzlich die Vor- und Nachteile in der Tourismusbranche zu arbeiten?

Zu den Vorteilen gehören sicherlich die Möglichkeiten, weltweit und in einem breiten Aufgabenspektrum tätig zu werden. Zudem finde ich, dass die Branche sehr spannend und relativ zukunftssicher ist. Ich denke, die Leute werden bei weniger verfügbarem Einkommen eher auf andere Dinge verzichten als auf Urlaub und Freizeit. Zudem findet man meist sehr abwechslungsreiche Aufgaben vor. In meinem Fall ist es so, dass ich mein Hobby zum Beruf machen kann und meine Arbeitsstelle höchstwahrscheinlich nicht „nur ein Job", sondern tatsächlich eine Berufung für mich ist, der meine Interessen abdeckt und meine Fähigkeiten fördert.

Ein großer Nachteil, der sicherlich viele von einer Tätigkeit in der Tourismusbranche abhält, ist das relativ niedrige Durchschnittseinkommen im Vergleich zu anderen Wirtschaftszweigen. Diejenigen, denen es nur darum geht, Geld zu verdienen, sind in dieser Branche nicht richtig aufgehoben. Man muss mit vollem Herzen dabei sein und der Spaß an der Arbeit sollte im Vordergrund stehen.

Wollen Sie den zukünftigen Studienanfängern noch etwas mit auf den Weg geben?
Am Ball bleiben und auch bei kleinen Rückschlägen nicht verzweifeln. Es fällt einem nicht alles sofort in den Schoß. Eine gewisse Hartnäckigkeit zahlt sich früher oder später aus. Außerdem ist die Tourismusbranche als Arbeitgeber sehr zu empfehlen, da diese tolle und spannende Arbeitsplätze rund um den Globus bietet!

HERZLICHEN DANK!!